〈改訂新版〉

# オトナ相手の教え方

**Teaching Methods For Adults**

関根雅泰
MASAHIRO SEKINE

CROSSMEDIA PUBLISHING

# はじめに

大人を相手に教えるって難しいですよね。大人は子どもと違って、経験があり、自分なりの考えを持っています。プライドも高く、こちらの言うことを素直に聞いてくれない人もいます。納得がいかなければ反論もしてきます。黙ってこちらの話を聞いてくれたとしても、心の中では色々と文句を言っているのかもしれません。大人と言っても、人それぞれ十人十色です。

子どもに教える場合であれば、相手は確実に自分より年下で、経験も自分よりないので、何も考えずに教えられますが、年上の部下に教える時は、「この人相手に自分が教えるなんて、おこがましい……」と腰が引けてしまうこともあります。逆に、大人とは言え若い人が相手だと、人によっては基本動作ができていない、マナーがなっていないという状態で、「こんなしつけみたいなことまで教えなくちゃいけないのか……」とうんざりする時もあります。男性が女性、女性が男性に教える難しさもあります。「これってセクハラになっちゃうかな」と、気を遣いながら接することもあるでしょう。

雇用形態も多種多様です。皆が皆、正社員ではなく、派遣社員の方、契約社員の方、パートさん、アルバイトさんなど色々な立場の方がいます。職場によっては、外国籍の方に教えることもあります。日本語は何とか分かってくれたとしても、肝心なことがなかなか伝わらないもどかしさもあるでしょう。相手も様々なので、大人相手に教えるって本当に難しいものです。

しかも、教える自分も、教え方をきちんと学んできたわけではありません。なんとなく見よう見まねで教えているけれど、これが正しいやり方なのかわからない。本業で忙しい中、いきなり「教える役」を命じられ、正直嫌々ながら教えている。「自分もちゃんと教わってきていないのに、他人に教えることなんてできない」と心の中で不安に思っている人もいるかもしれません。教えることは自分の仕事ではない、と割り切っている人もいることでしょう。

多様な背景を持つ大人に対して、教えた経験もない、教え方も知らない、言ってみれば「素人」がいきなり教える立場に立つ。これが、大人相手に教える際に感じる難しさの原因です。だとすれば、「大人相手の教え方」を知れば、その難しさが解消されるかもしれません。

筆者は、普段企業研修で大人相手に教える仕事をしています。教えている内容は「現場での仕事の教え方」です。現場で新人や後輩を教える立場になった先輩社員に対して、どのように教えたらよいのかを教える研修をしています。

長いこと講師の仕事を続けていますが、私自身も大人相手の教え方に悩み、苦しんできました。仕事をしながら3年間、大学院に通い、自分に足りない点を補おうとしてきました。大学院で学んだことは大きく、自分がこれまで経験則でやってきたことを整理し、言語化するきっかけをもらいました。また、研修という仕事を通じて多くの参加者と話す中で、現場での教え方の工夫もたくさん教わってきました。

2020年以降はリアルで会えない中、どうやって職場に新しく入ってきた人に教えていけばいいのか、現場で試行錯誤してきました。仲間と共に、各種オンラインツールを使いながら、どうすれば遠くにいる相手に教えられるのかを模索してきました。

今では、職場によってリアルで会える場合と、在宅勤務等によりオンラインでやり取りする場合の両方で、大人にどう教えたらいいのかが見えてきました。

この本では、それらの現場経験や学術知見を活かし、誰が相手でも、「これさえ押さえておけば大丈夫」といった教え方の本質をお伝えできればと思っています。

それでは、これから一緒に、大人相手の教え方について学んでいきましょう。

関根　雅泰

改訂新版　オトナ相手の教え方　目次

はじめに……002

第1章 正しい「教え方」とは何か

◎ほとんどの人は「教え方」を教わったことがない……015
◎子どもと大人では教え方が違う……017

第2章 教え上手な人の教え方

◎「教え上手」と「教え下手」あなたはどっち？……023
◎教える相手が100人いたら100通りの教え方がある……028
◎教える前にやっておくべきこと……032

- ○「言葉」「文字」「行動」でレベルを把握する……034
- ○行動目標をレベル分けして目的地をはっきりさせる……039
- ○「イラっ」としたら、4つのタイプで考える……042
- ○IBMの調査で分かった文化の「4つの次元」……051

# 第3章 命令するような教え方をしてはいけない

- ○「教える」とは3つの手助けである……059
- ○獲得する手助けをして知識と技術を教える……060
- ○新しい会社になじんでもらうには……062
- ○相手が変わってはじめて教えたことになる……065

## 第4章 一方的に説明しても伝えたいことは伝わらない


◎上手な教え方になるための3つのポイント……071
◎伝える前にコップの大きさを確認する……072
◎持っている情報をすべて伝えない……076
◎情報を分けると分かりやすくなる……079
◎上手な教え方は「伝えて終わり」ではない……085
◎大人相手の説明に必要な「吐く・吸う・吐く」……090


## 第5章 早く会社になじめるような仕掛けを作る


◎職場の雰囲気づくりが会社と新人のためになる……099
◎「マニュアルを読んでおいて」は教えたことにならない……101

◎辞めさせないために「チヤホヤ」するのは正しいのか……107
◎会話が続くか不安でも話をする機会を作る……113
◎オンラインの注意点……117

# 第6章

# 「プライドの高い大人」を素直にさせる方法

◎当たり前だった行動を変える……123
◎「良い言動」と「悪い言動」の両方をターゲットにする……125
◎「変えてほしい言動」は1つに留める……128
◎相手のモチベーションを上げる教え方……136
◎相手が変わるまで気長に見守る……140

## 第7章 「ウマがあわない」なんて言い訳は通用しない

◎「この人から教わりたい」という関係性……145
◎いまどきの若者にもシャッターを開けよう……147
◎部下は上司を選べない……149
◎教える側は「値踏み」をされている……151

## 第8章 「1人」ですべてを教えようとしてはいけない

◎なぜ、教え方は分かっているのに実践できないのか……157
◎理由①教えることだけが仕事ではないから……158
◎理由②教える内容が専門的で対応できないから……160
◎1人で全部抱え込まない……162

◎職場の見える化「人脈マップ」を作ろう……164
◎新人を受け入れる体制を整える……168
◎複数で教える時は過負荷に気をつけよう……170
◎道のりはバラバラでも目的地は同じにする……174
◎周囲を巻き込んでいくとすべてがうまくいく……177
◎教える側も正解が分からない時がある……181
◎正解が分からない時の教え方……184

# 第9章 教えたことはムダにならない

◎教えることで得られる4つのメリット……191
◎メリット①初心に帰れる……193
◎メリット②人脈が増え、視野が広がる……196
◎メリット③分かりやすく伝えるスキルが身につく……199
◎メリット④マネジメント力が高まる……203
◎新しい未来をつくる……206

第10章

# 「教えられる側」になった時に大切なこと


◎教える立場から、教わる立場へ……211
◎教わる側の「心構え」……213
◎人は3つのリソースから学ぶ……216
◎経験機会を増やす……219
◎失敗経験からいかに学ぶか……222
◎「良い点」と「気になる点」をセットで観察する……227
◎下調べをした上で質問する……230
◎邪魔しない・油をさす・一旦止める……233
◎先人の知恵から教わる……236
◎ポジティブな学びの連鎖を作り出す……239

おわりに……243
参考文献……246


カバーデザイン　金澤浩二

# 第1章

# 正しい「教え方」とは何か

## お悩み 1

いきなり教える立場になった。

教わった経験なんて学生の時以来。

学校を出てからは教わると言うより、

自分で仕事を覚えてきた。

そんな自分に他人を教えるなんて

できるのか……。

## ほとんどの人は「教え方」を教わったことがない

教える立場に立った時、誰もが最初につまずくのは、「教え方も教わったことがないのに、教える立場になってしまった」ということでしょう。教える技術も分からなければ、教える姿勢も知らない。指導方法を先輩に聞いても、十人十色で何を参考にすればいいか分からない……なんてこともあるのではないでしょうか。

そもそも、「教える」って何なのでしょうか。

分かるまでとことん伝えることでしょうか。それとも、自ら答えを導き出すまで見守ることでしょうか。どの教え方も正しくて、間違っているようには思えません。考えれば考える程、教え方に悩んでしまいます。

確かに、教え方には様々な方法があるかと思いますが、この本では2つの本質を取り上げ、その2つを中心に、教えることについて話していきたいと思います。

その2つとは、

- **「相手の立場に立つ」**
- **「学習の手助け」**

です。

一見すると、たいしたことないように見えるかもしれませんが、これら「教えることの本質」を押さえておくと、大人相手に教えることが楽になります。これから詳細を見ていきますが、まずはその前に、子ども相手と大人相手に教えることの違いについて確認していきたいと思います。

## 子どもと大人では教え方が違う

子どもに教える大人はたくさんいます。親はもちろん、学校の先生やスポーツクラブの指導者など、子どもに教える大人は多く存在します。ここでは、学校の先生を例として取り上げてみましょう。

学校の先生は子どもへの教え方を学び、教壇に立っています。そして、子どもに教えることを専門職として行っています。当たり前のことですが、先生から見たら子どもたちは自分より年下です。子どもに教えていることは、国語や算数といった「教科」が中心です。「これらを学んでおかないと将来困るかもしれませんよ」という前提で、子どもたちは教科を学んでいます。子どもたちも、「子どもは学校で学ばなければならない」という義務教育の考えのもと受動的に、いわば真っ白なキャンバスのように、大人の教えを吸収する段階と言えるでしょう。
しかし、「大人に教える大人」という職業は少ないです。ビジネススクールの先生、カルチャースクールの講師、そして私のような企業研修講師でしょうか。大人が学ぶ場には、年齢も背景もバラバラ、多様な価値観を持つ人たちが集まります。年齢や背景が違えば、知識や経験の差も出てきます。

私の専門である企業研修で考えると、受講生の大人たちは今すぐ役立つ何かを学びたいと思って研修に参加してきます。彼らは職場で何らかのことで困っていて、その問題解決につながればという思いで研修に参加しています。もちろん「上から言われたので、仕方なく研修に参加した」という参加者もいるとは思いますが、教わる側にそれぞれ教わろうとする理由や思いがあり、能動的に動いていると言えます。

そういう意味では、子どもの真っ白なキャンバスというイメージとは違い、積極的で華やかな色から、後ろ向きで少し濁っているような色まで、様々な色があるキャンバスが想像できます。

私自身は、子どもと大人に教える大きな違いは、その「年齢」にあると思っています。子どもが相手の場合は、教える側の方が明らかに年齢も上で、経験も多いので、何かを教えた時、素直に受け取ってくれることが大半です。しかし、大人は年齢を重ねている分、経験や自分なりの考えを持っています。そして相手が自分よりも年上の場合もあります。そういう大人に対して教える際には、子どもたちに教える時とは違った何かが求められるのです。その「何か」とは何なのでしょうか。

この本では、その「何か」を「教えることの本質」という観点で見ていきます。

「教える相手」として見た時の子どもと大人の比較

| | 子ども | 大人 |
|---|---|---|
| 主に学ぶ場 | 家庭・学校 | 職場・研修所 |
| 年齢 | 年下 | バラバラ |
| 教える内容 | 教科 | 問題解決の方法 |
| キャンバス（心理状態） | 白 | 様々な色 |

## まとめ

- 子どもは、知識と経験が少ないから素直に聞いてくれます
- 大人は、自分より年上だったり、高学歴だったり、と様々です
- 大人は、年齢を重ねている分、自分なりの考えがあるので、教え方に工夫が必要です

POINT

まずは、教えることの本質を、押さえよう。
①相手の立場に立つ
②学習の手助け

# 第2章

# 教え上手な人の教え方

お悩み

# 2

先日、部下に配属された子、

変にプライドが高くて面倒くさい。

それに、常識が分かってなくて困る。

正直、教えにくい……。

## 「教え上手」と「教え下手」あなたはどっち？

「教える」とは、「自分」と「相手」という2人の間で行われる行為です。当たり前ですが、自分1人であれば教えるという行為は発生しません。そこに「相手」がいるから、教えるという行為が生まれます。

ここに教えることの本質、「相手の立場に立つ」という考え方が隠れています。この本質こそ、教える側の私たちが押さえておくべきポイントであり、これを忘れるといわゆる「教え下手」になってしまいます。

ちなみに、「教え下手」とはどういう人なのでしょうか。教えられたことがある人たちに、私は次のような問いを投げかけることがあります。

「皆さんが出会ってきた〝教え下手〟ってどんな人でした？」

そうすると、こんな答えが返ってきます。

・高圧的
・威圧的
・説明が早い
・声が小さい
・何を言いたいのかポイントが分からない
・教わる側の気持ちを分かっていない
・説明が雑
・専門用語を多用する
・一方的に話をして終わってしまう……etc.

教える側として耳が痛い発言が続きます。

「では逆に、皆さんが出会ってきた〝教え上手〟ってどんな人でした？」

と問いかけると、今度は次のような答えが返ってきます。

・物腰が柔らかい
・説明が丁寧
・ポイントが明確
・こちらの気持ちを分かってくれる
・何が分かっていないかを把握した上で教えてくれる
・こちらの話も聞いてくれる……etc.

当たり前と言ってしまえば当たり前ですが、教え上手の特徴として、教え下手の特徴と正反対の内容が並びます。

これまで私が関わってきた企業研修では、ほぼ全員の参加者が「教え上手」の特徴を挙げることができました。つまり、人は人生のどこかで「教え上手」と出会ってきているということが分かります。この「教え上手」は、いざ私たちが教える立場になった時のモデルとなってくれます。逆に「教え下手」は、「自分だったら、あのようにはならないようにしよう」という反面教師になってくれるでしょう。

そして最後に、次のような問いも投げかけています。

「それでは、教え上手の特徴を一言で表現するとしたら何でしょう?」

この問いに対しては、答えが分からず戸惑う声を上げる人もいれば、すぐにひらめいて答えを書き出す人もいます。なかなか答えが思い浮かばない人に対しては、「教え下手にはなくて、教え上手にあるものって何でしょうか?」といったヒントを出してみます。色々な意見が出てくる中で、集約すると、次のような言葉が浮かび上がってきます。

**「教え上手」は「相手本位」な人である。**

教え上手の特徴として挙げられていたポイントから考えると、次のようなことが言えると思います。

**・対等な立場で対応してくれる**

・何が分かっていないかを把握した上で、的を射た説明をしてくれる
・こちらの気持ちを分かってくれる

教え上手には、相手と同じ目線から物事を考えようとする姿勢が見られます。こういう「相手本位」な姿勢は、「教え下手」にはありません。反対に、彼らの特徴を一言でいうと「自分本位」です。

・教わる側の気持ちが分からない
・自分が教えたいこと、伝えられることだけを伝える
・相手のことなんてお構いなし

教わる側の立場になって物事が考えられないため、自分中心に物事を進めてしまいます。このような人が「教え下手」と言われてしまうのです。

# 教える相手が100人いたら100通りの教え方がある

教え下手は「自分本位」ですから、相手のことが見えていない、自分を中心に物事を見ていると言えます。

普段生活していると、自分基準で物事を考えてしまうというのは仕方のないことだと思います。でも、教える時は「相手の立場に立つ」ということを心掛けてください。この考え方が「自分本位な教え下手」にはないので、彼らは上手に教えることができないのです。

本章のはじめにも話しましたが、教えるという行為は自分と相手の2人の間で行われます。自分と相手は違う人であり、「相手の立場に立って考える」という認識が、教える際には必要不可欠になります。こういう当たり前のことを忘れて、つい自分本位になってしまうのが教え下手なのです。

かくいう私たちもついついやってしまうのが、「こんなことぐらい分かるだろう、知っているだろう、できるだろう」という思い込みです。いわば**「自分と同じレベルで相手を見てしまう」という状況です。**ある程度仕事ができるようになり、教える側に立つと、つい忘れてしまうのが、自分が「できなかった頃の状態」です。

私たちも仕事初心者の頃は、知識も技術も経験もなく、不安だった状態がありました。その状態を経て、今の立場にいるわけですが、自分ができるようになってしまうと「できなかった頃の状態」を想像しにくくなるのです。大切なのは、目の前にいる相手の立場に立って考えるということです。

自分と相手は違います。しかもその「違い」は様々です。性格、年齢、性別、出身地、背景、価値観、国籍など、自分と全く同じ人はいないように、私たちが教える相手は様々です。仮に、教える相手が100人いたとして、相手の違いに合わせて100通りの教え方をするというのは難しいでしょう。でも、難しいだけで不可能ではありません。では、どうすればよいのでしょうか。

それは、自分と相手は違うということを認めた上で「相手の立場に立つ」ということです。厳密に言えば、相手の立場に立つ「努力」をするということです。違う人間なのですから、本当の意味で「相手の立場に立つ」のは難しいでしょう。

ただ、その努力はできます。相手がどんな人なのか、どんなことを考えているのか、現状の知識、技術はどのくらいなのか、どう教えれば相手にとって伝わりやすいのか、どうすれば相手の学習を手助けできるのかなどと考えることはできます。

教える内容は同じでも、教えていく中で「こうしたほうがもっと伝わるかも」と、**相手の立場に立った目線で微調整をしていく**ことが重要になります。

例えば、外部からかかってきた電話の出方について教えることになったとしましょう。電話に出たら、「お電話ありがとうございます。A商事です」と言うことは教えたものの、言い間違えてしまう人がいるとします。

その時に、「何事も経験。できるまでやらせる」といって、何も手を打たずに放っておいてはいけません。上手く話せないのは緊張してしまっているせいかもしれないと相手の状況を察し、何を話さなければいけないのかを明記したメモを用意し、慣れるまで手元に置いておくという方法で指導していくのが、本当の教え上手です。

「相手の立場に立つ」ためには、相手と自分との違いを知る必要がありますが、どこが特に違うのでしょうか。

レベル（度合）、タイプ（性格）、カルチャー（文化）の3つの観点で考えると、相手との違いを把握しやすくなります。それぞれの観点から見ていきましょう。

教える内容は1つ

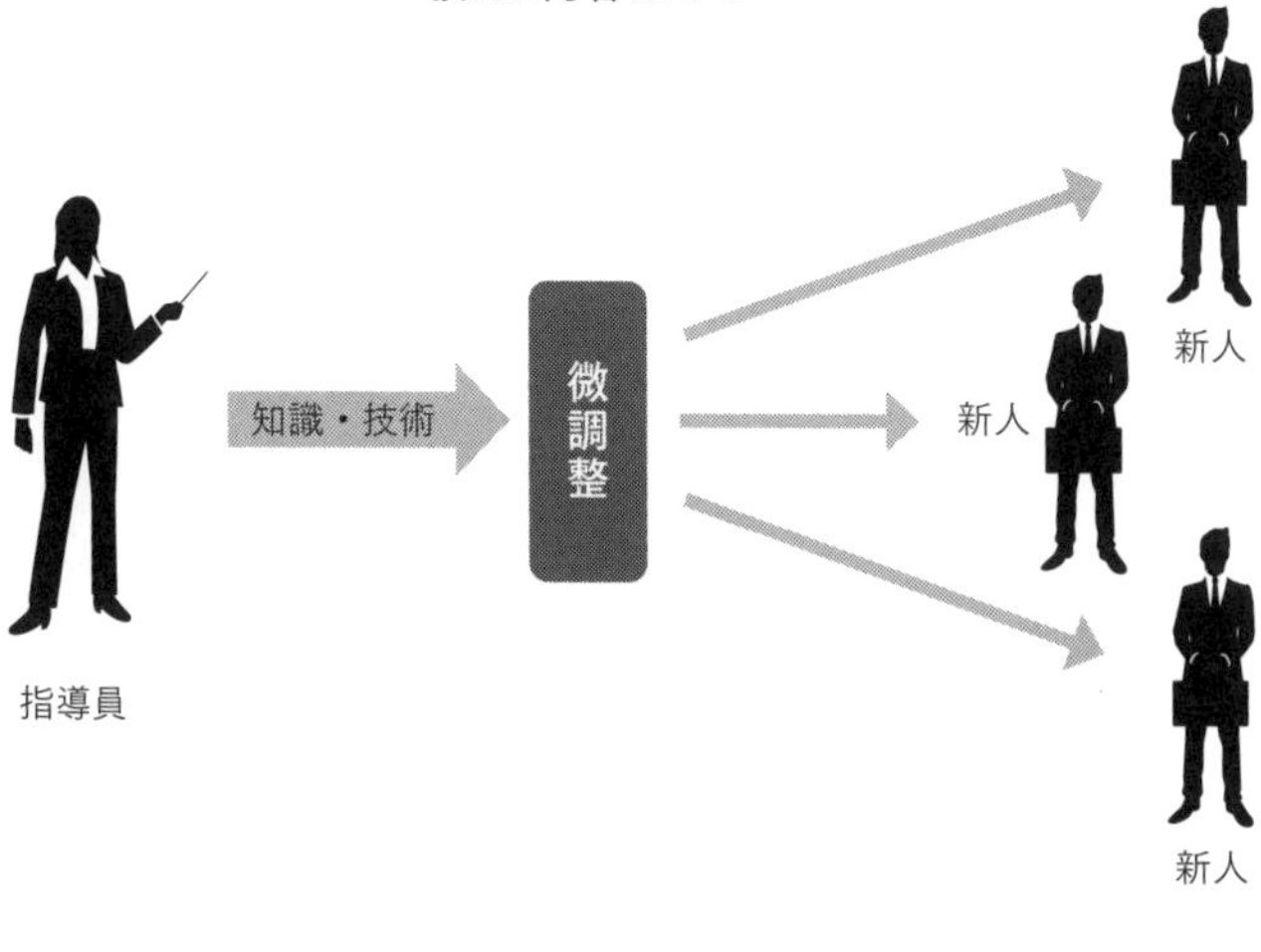

# 教える前にやっておくべきこと

相手のレベルとは「知識・技術の度合」のことです。

・どのくらいの知識があるのか
・どのくらいの技術を持っているのか
・どのくらいのことができるのか

教わる側がどの程度の知識や技量を持っているのか、教える側が把握していなければ、何を教えるべきか皆目見当もつきません。まず、その度合を把握することが必要です。そのためには、知るべきレベルを2つに分けて考えます。それは、**相手の「現状」**と**「目標」のレベル**です。

つまり教える目的は、「現状と目標の差を埋める」ということです。この本では「問題＝現状－目標」という考え方を基に、問題に対する解決策の1つとして「教える」という方法を突き詰めていきたいと思っています。

そのために、教える側がすべきことは、

- **現状のレベル把握**
- **目標のレベル検討**

です。まず、「現状のレベル把握」から見ていきましょう。

# 「言葉」「文字」「行動」でレベルを把握する

相手がどのくらいの「知識・技術」を持っているのか、その程度を測ります。方法としては3つあります。

・言葉にしてもらう
・文字にしてもらう
・行動してもらう

1つ目は、教える前に相手がどのくらいの「知識・技術」を持っているのかを「言葉にしてもらう」です。

・～について知っていることを教えてください

・前の職場ではどのようにやっていましたか？
・～のやり方を聞かせてください

などの質問を通じて、相手の現状を知るのです。

ここで注意してもらいたいのは、聞き方です。「はい」「いいえ」で答えられるような質問をしてしまうと、相手がどの程度理解しているのか、レベルを知ることができません。具体的に聞き出すことによって、何をどこまで理解しているのか把握することができるので、質問は具体的に行います。

Good!
報告書に書かなければいけない要素を、挙げてもらってもいいですか

Bad!
報告書の書き方、分かりますか

2つ目に、相手の「知識・技術」レベルを把握するために、「文字にして書いてもらう」という方法もあります。

・準備したテストに回答してもらう
・あるテーマに関してレポートを書いてもらう
・知っていることやできることを書き出してもらう

上記のやり方で、相手の現状の「知識・技術」レベルを把握するのです。

Good!
報告書の書き方について、Ａ４にポイントをまとめてもらう

Good!
報告書の書き方の〇×問題に答えてもらう

いくら本人が「知識・技術を持っています」と言ったり、書いたりしたとしても、実際にやってもらわないと、本当のところは分かりません。最終的に「行動してもらう」ことで、そして、その様子を観察することで、相手の現状を知ることができます。

これら3つの方法を通して相手の現状レベルの把握をする際には、その**レベル（度合）を測るための自分なりのメジャー（物差し）を持っておく**と良いでしょう。どのくらいの値なら良いのかという自分なりの基準です。

報告書の書き方を理解しているか確認するために、実際に報告書を作成してもらったとしても、どのレベルまで作成できていれば合格点といえるのか、基準がないと評価もできません。評価基準はもちろん、「5段階評価」「ABC」「優・良・可・不可」「点数」など、評価する対象によって評価方法も決めます。

次ページの表は、レベル把握のための一例として、「営業兼講師」ができる人材を育てるための「育成支援シート」です。その人に期待される「知識・技術・態度」を上司であるマネージャーと共に考えます。その際に、把握方法が「言葉」なのか「文字」なのか、あるいは「行動」なのかをはっきり明記しておくと、よりチェックしやすくなるでしょう。

その上で、それぞれの現状レベルを本人に記入させた後、指導員から見たレベルを伝えます。大事なのは、自社に必要な人材にはどんな「知識・技術・態度」を持ってほしいのかを改めて書き出してみることです。ただ、あまりに多くなると教える側も教わる側も大変なので、厳選して少なめにまとめるのがコツです。

育成支援シート

| Knowledge<br>知っておいてほしい知識 | | 把握方法 | | | レベル | |
|---|---|---|---|---|---|---|
| | | 言葉 | 文字 | 行動 | 現状 | 目標 |
| 1 | 業界（市場、競合） | ○ | ○ | | | |
| 2 | 自社（概要、特徴） | ○ | ○ | | | |
| 3 | 人事・人材開発 | ○ | ○ | | | |
| 4 | 顧客（既存取引先、新規有望先） | ○ | ○ | | | |
| **Skill<br>できるようになってほしい技術** | | **把握方法** | | | **レベル** | |
| | | 言葉 | 文字 | 行動 | 現状 | 目標 |
| 1 | 傾聴（促進、復唱） | | | ○ | | |
| 2 | 説明（簡潔、例示） | | | ○ | | |
| 3 | 文章執筆（メール、レポート） | | ○ | | | |
| 4 | ファシリテーション<br>（問いかけ、人前での傾聴） | | | ○ | | |
| **Attitude<br>身につけてほしい態度・姿勢** | | **把握方法** | | | **レベル** | |
| | | 言葉 | 文字 | 行動 | 現状 | 目標 |
| 1 | 自ら学ぼうとする姿勢 | | | ○ | | |
| 2 | 素直さ | | | ○ | | |
| 3 | 講師としてのふさわしさ | | | ○ | | |
| 4 | 相手の立場に立つ | | | ○ | | |

# 行動目標をレベル分けして目的地をはっきりさせる

相手の現状のレベル把握ができたなら、次はその人にどうなってほしいのか「目標のレベル検討」が必要になります。目標とは少し幅広い意味で、相手にここまでたどり着いてほしいと願う到達状態を指します。もう少し細かくすると、「知識・技術・態度」それぞれに関して、「こうなってほしい」という状態で表現するのが行動目標となります。

知識であれば、教えたことによって理解したかどうかは外から判断できないので、「～について説明できる」といった行動目標になります。技術であれば、教わる相手に実際にやってもらうことが「～ができる」という行動目標になります。態度は言動が外側に表れるので、「(今までできなかったのに)～をできるようになる」という行動目標が立てられます。行動目標の例をまとめると以下のようになります。

・知識　～を説明できる、～に関するキーワードを言える
・技術　～ができる、～を動かせる、～を使える
・態度　～をするようになる、～をしなくなる

知識として、商品の説明ができるようになった。技術として、報告書が書けるようになった。態度として、朝元気よく挨拶するようになった、と考えると分かりやすいかもしれません。

また、行動目標は厳密に3つに分けきれず、重なるようなものも出てくると思います。例えば「エクセルのマクロが使えるようになる」ためには、そのための知識（使う関数）と技術（実際の操作方法）が必要になり、知識と技術を分けることは難しくなります。その時は「エクセルのマクロが使える」という目標をもう少し細かく分けて、「関数の知識を身につける」と「実際に操作する技術を身につける」というように、2つの目標にしてみてください。

これらの行動目標の現状レベルが、例えば「2」であったと判断した時に、目標レベルを「4」としたとします。客観的なテストや診断がないのであれば、このあたりの判断は教える皆さんの主観で結構です。例えば、職場の「できる先輩」がある技術に関するレベルが「5」であると考えたとします。そこまではいけなくても、普通の「3」以上になってほしいといった時に、「4」という数字を設定するようなイメージです。

**大事なのは、「現状のレベル把握」と「目標のレベル検討」という行動をとることです。**多くの教え下手は、こういうことすら考えずに、一方的に持っている知識・技術を教えようとするため、「結局、何をどこまで教えたらいいんだっけ？」と、目的地が分からなくなり迷子になってしまうのです。

また、このように「メジャー（物差し）」で測ろうとすることで、「自分と相手は違う」ということを再認識しやすくなります。仮に、仕事に慣れている自分の現状レベルを「4」としたならば、初めてその仕事をする相手には、自分と同じレベルを期待しないからです。「この仕事を長くやっている自分ですら、4ぐらいだったら、新人さんは当然、このレベルじゃないよな」と冷静に考えるきっかけになるのです。

# 「イラっ」としたら、4つのタイプで考える

「自分と相手は違う」というのを教えていて特に実感するのは、教える相手とのタイプ（性格）の違いでしょう。**「自分だったらこうするのに、何でこの人は……」とイラっとする時、もしかするとその原因はお互いのタイプの違いにあるのかもしれません。**

タイプ論には多くのものがあるのですが、この本では教育コンサルタントの八尾芳樹先生らが開発された「ＳＰトランプによる４つのタイプ」という考え方を紹介します。この「ＳＰトランプによる４つのタイプ」では、教える相手のタイプ（性格）を大まかに把握するために、２軸「能動的・受動的」「感覚的・論理的」で相手を観察します。

まず、その人が「能動的」か「受動的」かを考えます。
主には、普段の言動から次のような特徴が見られたら、それぞれ「能動的」「受動的」と判断します。迷ったら、「どちらかというと○○」で結構です。

**【能動的】**

・自分から話しかけてくる
・自分の意見を主張する
・積極的

**【受動的】**

・あまり自分の意見を言わない
・聞き役に回ることが多い
・消極的

次に、その人が「感覚的」か「論理的」かを考えます。

**【感覚的】**
・感情を表に出す
・直感的
・あまり深く考えているように見えない

**【論理的】**
・感情を抑える
・ビジネスライク
・理路整然と話す

それら2軸をあわせると、次の「4つのタイプ（性格）」が出てきます。
それぞれのタイプの概要と、教える際の留意点を紹介します。「SPトランプの4つのタイプ」で、私たち教える側が留意すべきは、相手の「学習方法」と私たちの「指

## 4つのタイプ

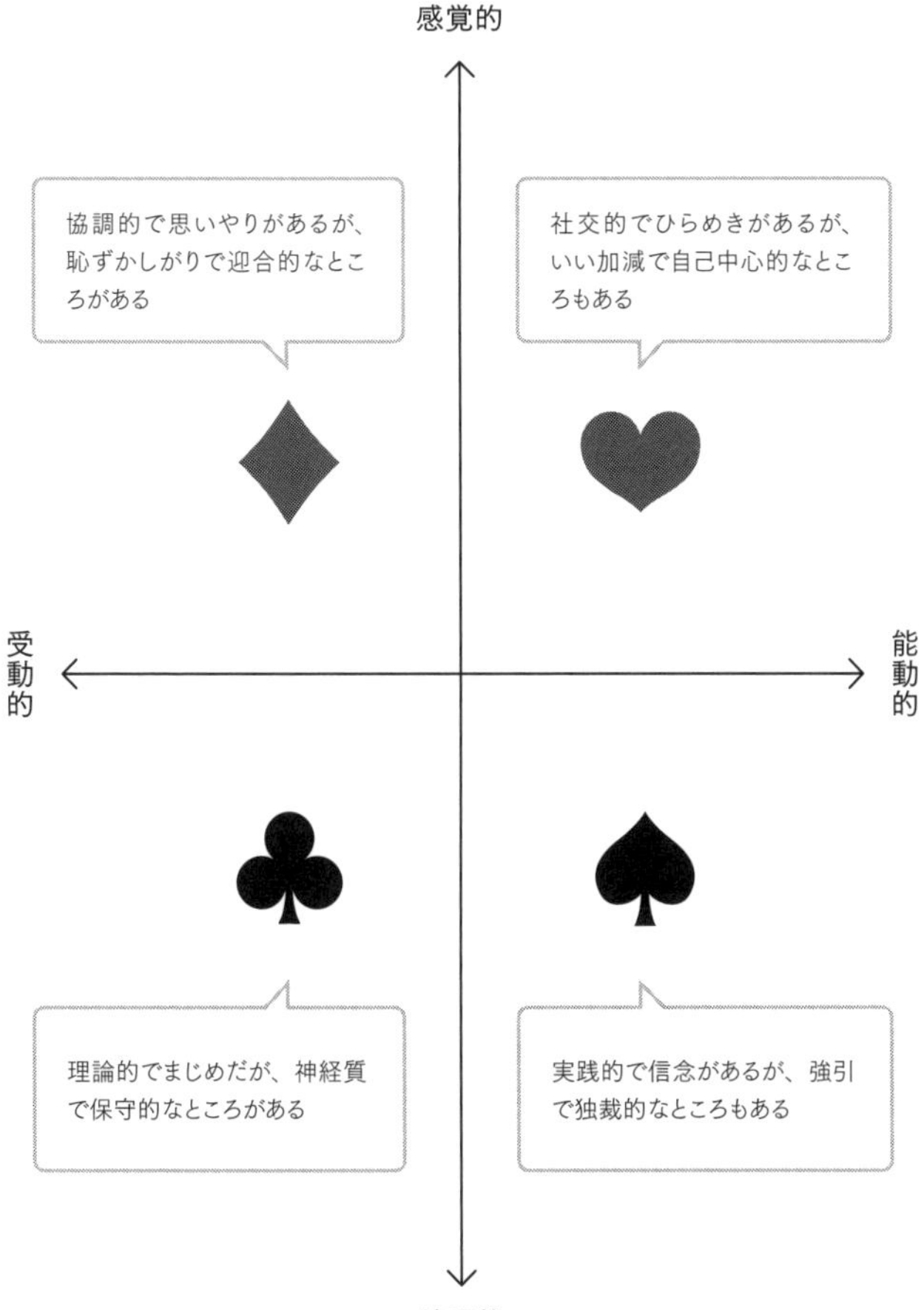
感覚的
協調的で思いやりがあるが、恥ずかしがりで迎合的なところがある
社交的でひらめきがあるが、いい加減で自己中心的なところもある
受動的
能動的
理論的でまじめだが、神経質で保守的なところがある
実践的で信念があるが、強引で独裁的なところもある
論理的

『人間力を高める！セルフ・エンパワーメント』東京図書出版(2007)p85～114を基に筆者作成

導傾向」の2つです。自分と相手が同じタイプであれば、お互いの「学習に対する考え方」も似たものである可能性が高いと考えられます。

例えば、自分も相手も「ハート型」であり、お互い「まず体験することを好む」だとします。そうであれば、ハート型の「細かく指導せず、まずは体験させる」という「指導傾向」は、同じハート型の相手にとっても学びやすい「学習方法」になります。

ところが、自分と相手のタイプが違った場合、それぞれの「学習に対する考え方」も変わる可能性があります。例えば、「クラブ型」は「リスクが少なく」「納得いくまで時間をかけて」学びたい傾向があるとします。その相手に対して、例えば教える側の「ハート型」が自分の指導傾向である「体験重視」で、「とりあえずやってみて」と説明もそこそこにやらせたとしたら、クラブ型の相手は戸惑ってしまうでしょう。「なぜ、この人は十分な説明もなく、いきなりやらせるのか」と不信感を抱かせてしまうかもしれません。

私たちはつい「自分が学んできたやり方」で教えがちです。「まず体験することを通

## 4つのタイプの性格

| | ハート | ダイヤ | クラブ | スペード |
|---|---|---|---|---|
| 長所 | ・社交的で明朗<br>・積極的で前向き<br>・チャレンジ精神に富む | ・温和で友好的<br>・相手に対する配慮有り<br>・優しい平和主義 | ・慎重で計画的<br>・几帳面で正確<br>・忍耐強い努力家 | ・責任感が強く確実<br>・計画的で無駄がない<br>・意志が強く実行力有り |
| 短所 | ・いいかげん（アバウト）<br>・時間にルーズ<br>・計画性がない<br>・ムードに弱い | ・人に合わせすぎる<br>・自分の意見を言わない<br>・自分で物事を決めない<br>・リーダーシップが取れない | ・神経質<br>・細かい<br>・小心<br>・非社交的 | ・温かさに欠ける<br>・仕事にのめり込む<br>・独断的・好戦的 |
| 好きな言葉 | ・夢<br>・希望<br>・可能性 | ・優しさ<br>・和<br>・誠実 | ・安全<br>・正確<br>・完璧 | ・確実<br>・信念<br>・決断 |
| 秘めた欲望 | ・人々の賞賛が欲しい<br>・夢を実現したい | ・すべての人から好かれたい、愛されたい、良く見られたい | ・一人誰にも邪魔されず、好きな事をしていたい<br>・間違いや失敗をしたくない | ・あらゆることを犠牲にしても、目的を達成したい |
| コミュニケーションの取り方 | ・ユーモアをまじえてよくしゃべる<br>・話の中心になる | ・聞き役になることが多い<br>・プライベートな会話が好き | ・受け身<br>・口数が少ない<br>・興味のあることだけ話したい | ・無駄なおしゃべりを好まず、聞くのも苦手<br>・目的があれば積極的にしゃべる |
| 人間関係 | ・社交的で多くの友人を持つが浅く広くなりがち<br>・楽しい仲間作りが得意でリーダーシップもある | ・周囲の人とうまくやっていきたい気持ちが強い<br>・好かれたいと思う気持ちが強いので、謝る言葉「すみません」「ごめん」を連発してしまう | ・興味や関心の似ている人と丁寧な付き合いをする<br>・数少ないが無二の親友を作る<br>・人と付き合うより一人で何かするのが好き | ・べたべたした人間関係や無駄な付き合いを好まない<br>・友情や愛情よりも仕事や目的を優先しがち<br>・必要ならリーダーシップを発揮する |

『人間力を高める！セルフ・エンパワーメント』東京図書出版（2007）p85〜114を基に筆者作成

## 4つのタイプの学習方法

| | ハート | ダイヤ | クラブ | スペード |
|---|---|---|---|---|
| 学習方法 | ・まず自分で体験することを好む<br>・少しの経験で全体が分かったような気になる<br>・感覚的に学ぶ<br>・あまり細かく指導されることを好まない | ・誰かと一緒に学ぶことを好む<br>・勉強より体験する方が合っている<br>・懇切丁寧に指導されることを好む | ・論理的体系的に学ぶ<br>・納得するまで時間がかかる<br>・専門家から学ぶことを好む<br>・学習課題はリスクの少ないものを好む | ・学ぶ目的や目標を明確にする<br>・論理的体系的に学ぶ<br>・自発的に学ぶ<br>・あまり細かく指導されることを好まない |
| 指導傾向 | ・実践(体験)重視<br>・細かい指導は行わない | ・体験を重視し、感覚的<br>・細かく指導する | ・論理的体系的に教える<br>・細かく指導し説明が長い | ・論理的に指導しようとする<br>・細かい指導は行わない |
| 仕事の進め方 | ・アイデアが豊富<br>・思い込みが強く熟慮が苦手<br>・直観的に判断しすぐ実行に移す<br>・反省より次の企画などを考える | ・自発的に仕事をするより他者から依頼されて仕事をする方が多い<br>・一人で決意することが苦手で人に左右されやすい<br>・他者と一緒に仕事をするのを好む | ・熟慮し慎重に選択する<br>・決意するのに時間がかかる | ・目的、目標が明確でなければ動機づけが低い<br>・不言実行を良しとする<br>・無理な目標にもチャレンジする<br>・一人での実行力はある |
| 不安や恐れの原因 | ・刺激や変化が少ないとき<br>・自由裁量が少ないとき<br>・人の注目が自分以外にいっているとき<br>・自分のイメージ通りことが進まないとき<br>・他者や社会に認めてもらえないとき<br>・笑いがとれなかったとき<br>・細かい手間のかかる仕事をしなければならないとき | ・対人関係の葛藤<br>・意見の違いが生じたとき<br>・プレッシャーがかかっているとき<br>・他者やグループから仲間はずれにされたとき<br>・人から不誠実にされたとき<br>・他者からよそよそしくされたとき | ・失敗や危険などのリスクがあるとき<br>・プライドが傷ついたとき<br>・計画通りことが進まないとき<br>・非合理的な行動を押しつけられたとき<br>・人にバカにされたとき<br>・変化が生じたとき | ・負けたとき<br>・結論が出せないとき<br>・目標が見出せないとき<br>・他者との関係に必要以上に深入りしてしまったとき<br>・人に利用されたとき<br>・仕事が期限までに間に合いそうもないとき<br>・自信がぐらついたとき<br>・自分の信念が脅かされたとき |
| 緊張や不安を生じたときの反応 | ・感情的にムキになる | ・気持ちが逃げたり、その場から去る | ・理由を探し自ら言い訳をする | ・論理で相手を攻める |
| ビジネスパーソンとしての成長課題 | ・セルフコントロール(感情面・健康面)<br>・事実やデータに基づいた判断を行なう<br>・時間や期限を守る<br>・多面、多角的に考える<br>・計画を立てて行動する<br>・再点検(チェック)する | ・自己決定する<br>・一人で実行する(依存心をなくす)<br>・目標指向性を持つ<br>・自分から提案を行う<br>・自己主張を行う<br>・必要なときはNOと言う<br>・率先して仕事を行う | ・応用力をつける<br>・自己開示を心がける<br>・柔軟性を持つ<br>・何でも自己完結しない<br>・他者への配慮<br>・自分から他者に話しかける<br>・考え方や内容のみならず相手の気持ちを理解する | ・他者への配慮<br>・コンセンサス(合意)をとる<br>・人の話を聞く<br>・短期的な目標達成のみならず長期的なビジョンを持つ<br>・ファジーな(白黒つかない)部分も許容する |

『人間力を高める!セルフ・エンパワーメント』東京図書出版(2007)p85〜114を基に筆者作成

じて学んできた」のであれば、その学習方法を相手にも強要しがちです。「事前にじっくり情報収集してから動く」という学び方をしてきた人は、そのやり方を教える際にも使います。「自分はこうやって学んできたのだから」と、教える側として「良かれ」と思ってやってしまうのです。

しかし、それは相手が自分と同じタイプであれば有効なやり方なのですが、もし違った場合は微調整が必要なのです。

教えることの本質である「自分と相手は違う人」を思い返してください。皆が皆、自分と同じように学んできたとは限らないということです。相手のタイプを知ることで、相手に合った教え方ができる可能性が高まります。

ただ、あくまでこれらの「4つのタイプ」は、相手との違いを理解するための参考程度としてください。「あいつはハート型だから」「あの人はクラブ型だから」と決め付けてしまうと、逆に見落とす点が出てきますし、決め付けられた相手も愉快な気分ではないでしょう。

おすすめしたいのは、**相手に教えていて「何か上手くいかない時」「相手に対してイラっとすることが多い時」に、この４つのタイプを参照すること**です。そうすると「上手くいかない原因」や「イラっとする理由」が、自分と相手のタイプ（性格）の違いにあることに気づくことが多いからです。

実際に、私の企業研修を受講された方で、自分の部下と上手く折り合いがつかないと悩まれていた方が、この「４つのタイプ」を参考に教え方を変えたところ、関係が好転し、今までは考えられないくらい上手くやっているという事例がありました。

最初から「この人は○○タイプ」と決め付けるのではなく、自然体で接する中で違和感があった時に「この人は○○タイプだから、こういう行動をとるんだな」「だったら、自分はこういう対応をしてみよう」と、微調整するツールとして役立ててもらえたらと思います。

## ＩＢＭの調査で分かった文化の「4つの次元」

最後に、生まれ育った国によるカルチャー（文化）の違いについて触れます。私たちが教える相手は、日本人とは限りません。外国籍の方々を相手にすることも増えてきています。

そこでカルチャー（文化）の違いを理解するために、役立つ考え方として「4つの次元」を紹介します。これは世界中で仕事をしていたＩＢＭ社員に対して行われた調査をもとに作り出されたものです。国による文化の違いを分かりやすく表現していますので、教える際の参考にしてみてください。

「4つの次元」は次のとおりです。

**【権力の格差】**（小 ⇕ 大）

その国に社会的不平等がどのくらいあるのかを見る指標です。権力が不平等に分布している状態を、その国の人たちがどの程度受け入れているのかを見ます。

**【集団主義　対　個人主義】**

集団主義の国は、集団内の結びつきが強く、集団の利害が個人よりも優先されます。個人主義の国では、自分の利害を中心に考えます。

**【女性らしさ　対　男性らしさ】**

この場合の「女性らしさ」とは、謙虚な態度を望ましいと考えることであり、「男性らしさ」とは、自己主張の強い態度を望ましいと考えることになります。「男性らしさ」を特徴とする社会では「性別役割」がはっきりと分かれていて、「女性らしさ」では、はっきりと分かれていません。

**【不確実性の回避】（弱　⇕　強）**

これはその国が、曖昧さに対してどのくらい寛容なのかを見る指標です。不確実な状況や未知の状況に対して、その国の人たちがどのくらい脅威を感じるのかを見ます。

これら「4つの次元」は国ごとに違います。例えば、日本は「権力の格差」は中くらい、「集団主義」で「男性らしさ」の文化があり、「不確実性の回避」は強い国であるという調査結果が出ています。つまり、皆だいたい平等で、それぞれの仲間を大事にし、男女の役割分担が明確で、曖昧さに不安を感じるというのが、日本文化だということです。私たち1人ひとりにどのくらい当てはまるかは分かりませんが、国全体の文化の傾向を知る意味では参考になると思います。

日本の例を参考に、私たちが教える相手として、いくつかの国々を取り上げてみましょう。調査された53か国中の順位を次ページに示します。

例えば、マレーシアを見ると、「権力格差」が1位で、「不確実性回避」が46位です。おそらくマレーシアという国では、上下の関係が強くありそうで、かつ先のことは分からないと思っている人たちが多そうです。であるならば、あまり将来の目標や緻密な計画を示す必要はないかもしれません。それよりも、上の人が下の人に対して声をかけ、親しく話をする方が自国に比べると珍しい分、よりインパクトを与えることになるかもしれません。

実際、筆者がマレーシアにある日本企業を訪問し、現地スタッフとのやり取りをインタビューした際には、「(日本人の)社長が、末端の従業員の働きを誉めてくれることに驚いた」という声がありました。

中国がこの調査結果から抜けているのは残念ですが、中国独自で行った調査では、「長期的　対　短期的」という次元も中国においては出てきています。よく「中国4000年の歴史」という言い方をしますが、そういう長期的な目線で物事を見ているというのは、中国の方にはもしかしたらあるのかもしれませんね。

ただ、これらもあくまで参考程度にとどめてください。「外国人だから、よく分からない」「そんな相手に教えるのは無理」とすぐに諦めてしまう前に、「4つの次元」という考え方を通して「そういう側面もあるんだな」と、教える際のヒントにしてもらえたらと思います。そして、まずは相手と色々話をしてみてください。違う国の人とはいえ、話してみると意外と共通点も見つかるかもしれません。

53か国中の「文化次元」の順位

| | 権力格差（順位が高いほど、権力格差がある） | 個人主義（順位が高いほど、個人主義的） | 男性らしさ（順位が高いほど、性別役割が明確） | 不確実性回避（順位が高いほど、不確実性を回避したがる） |
|---|---|---|---|---|
| 日本 | 33位 | 22位 | 1位 | 7位 |
| 韓国 | 27位 | 43位 | 41位 | 16位 |
| 台湾 | 29位 | 44位 | 32位 | 26位 |
| 香港 | 15位 | 37位 | 18位 | 49位 |
| シンガポール | 13位 | 39位 | 28位 | 53位 |
| マレーシア | 1位 | 36位 | 25位 | 46位 |
| インドネシア | 8位 | 47位 | 30位 | 41位 |
| フィリピン | 4位 | 31位 | 11位 | 44位 |
| パキスタン | 32位 | 47位 | 25位 | 24位 |
| インド | 10位 | 21位 | 20位 | 45位 |
| イギリス | 42位 | 3位 | 9位 | 47位 |
| アメリカ | 38位 | 1位 | 15位 | 43位 |
| オーストラリア | 41位 | 2位 | 16位 | 37位 |
| メキシコ | 5位 | 32位 | 6位 | 18位 |
| ブラジル | 14位 | 26位 | 27位 | 21位 |
| アラブ諸国 | 7位 | 26位 | 23位 | 27位 |

G.ホフステードほか『多文化世界：違いを学び共存への道を探る』有斐閣（2013）p.25,54,87,120を基に筆者作成

## まとめ

- 教え上手な人は、「相手本位」
- 教え下手な人からは、反面教師で学ぼう
- 教える前に、相手のレベルを確認しよう
- 「イラっ」としたら、タイプが違うのかもしれません

**POINT**

4つのタイプ分けは、
上手くいかない時の
参考程度に

# 第3章

# 命令するような教え方をしてはいけない

## お悩み 3

中途採用で
年上の新人が入ってきた。
周りからも浮いたような感じで、
教えたこともきちんとやってくれない。

## 「教える」とは3つの手助けである

教えるとは「学習」の手助けであり、大人が学ぶのを横からそっと手助けするのが「教える」ということです。無理矢理頭をこじ開けて、「こうしなさい」と何かを詰め込むようなやり方ではありません。

では、大人が学ぶってどういうことなのでしょうか。知識や使える技術が増えること、考え方が変わること、色々ありそうです。仮に「学習＝○○」としたら、何が入るでしょうか。学習＝成長、経験、実践、苦痛などが考えられます。

この本では、大人相手に教える場合、**学習＝「獲得」「参加」「変化」**と定義します。成長や経験という言葉から「学習＝獲得」はイメージしやすいかもしれませんが、「参加」や「変化」は意外に思ったかもしれません。しかし、「参加」することで経験が積まれ、苦痛という「変化」を乗り越えて学習をしていると考えることもできます。

## 獲得する手助けをして知識と技術を教える

まず、「獲得」という観点から見ていきましょう。

「学習＝獲得」とはどういうことでしょうか。それは、教える相手が知識、技術、態度といったものを「獲得」できれば、学んだと評価されるということです。

一般的に、教えるという時にイメージされるのが、この「獲得」を手助けする教え方です。知識が少ない、技術が足りない、望ましい態度が不足している相手に教えることで、その不足分の獲得を手助けするのです。

結果的に何かしら獲得しているのであれば、教える方法は問いません。例えば、この本を読んでいる皆さんは、「オトナ相手の教え方」に関する知識を獲得しようとしているのかもしれませんが、教えてくれるのは本であり人ではありません。本やネットが相手だったとしても、足りない分を獲得することが学習という考え方です。

実際、英語圏では知識の不足を補うために、手元にマニュアルを置いて作業をさせることをJob aids（ジョブ・エイド）と呼び、解決策の1つとしています。読んで字の如く、仕事（job）を手助けする、促進する（aid）という意味があり、不足部分を獲得するための行為だということが分かります。

学習＝獲得

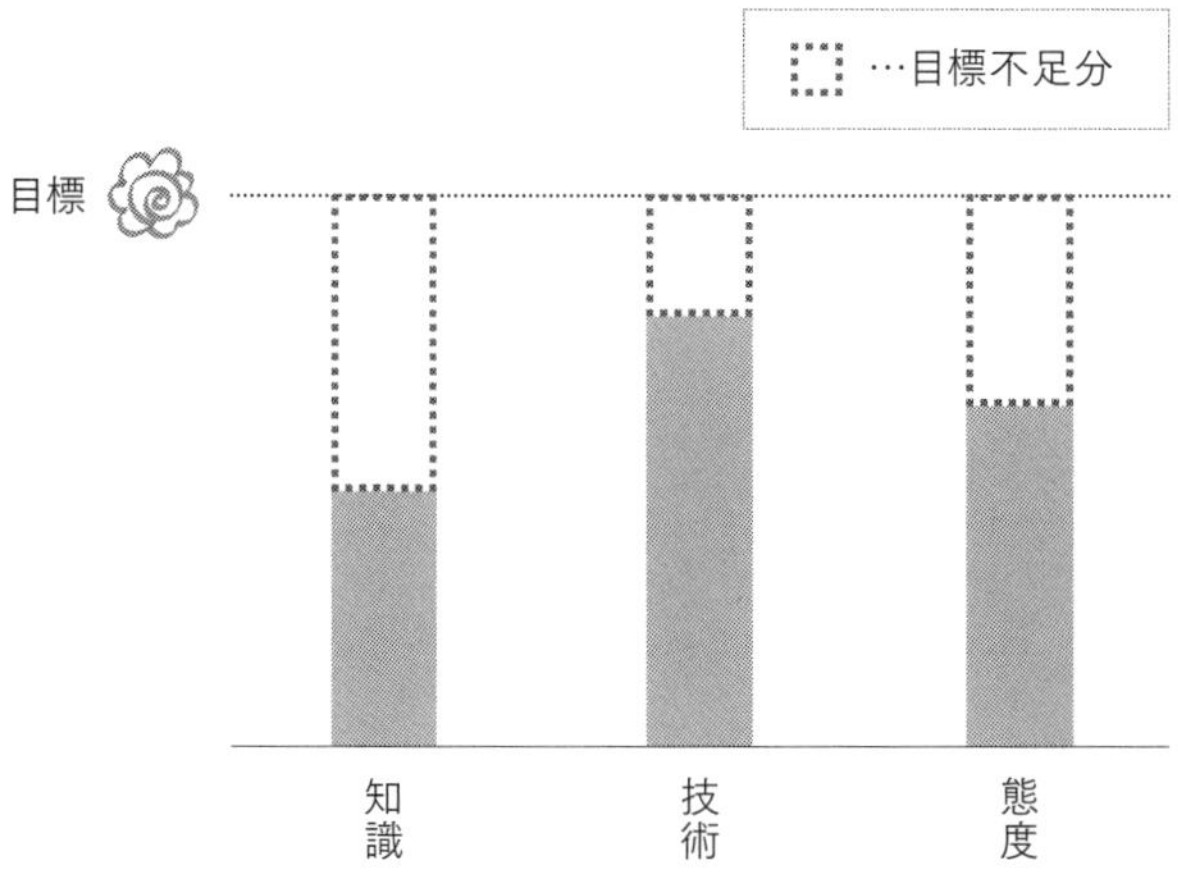

# 新しい会社になじんでもらうには

2つ目の「学習＝参加」というのは、聞き慣れない考え方かもしれません。何かに参加することが学習であるとは、どういうことなのでしょうか。

分かりやすいのは、中途採用者が新しく別の会社に入る時でしょうか。中途採用者が新しい会社に入ると、前の会社とは違う雰囲気ややり方に戸惑うことがあります。

例えば、私は一般家庭向けの訪問販売会社から、企業向けの営業会社に転職しました。同じ営業だからとそんなに心配していなかったのですが、2社目で使われている言葉をすぐに使いこなすことができず、営業のやり方も異なる部分が多く、戸惑いを隠せませんでした。結果、しばらくは営業数字が全くつかない状態が続きました。

そんな中、中途採用としての試用期間が終わる3か月目に、先輩社員や役員から厳しい指摘を受け、「自分は前のやり方にこだわっていたんだ」ということに気づかされました。その後は必死で勉強し、2社目のやり方に食らいついていこうとしました。周囲の先輩方の指導のお陰で何とか数字もつくようになり、ようやく2社目の一員になれたかなと感じられたのは、入社して1年後ぐらいだったと思います。そこまで待ってくれた2社目の皆さんには感謝しています。

このように、戸惑いを感じながらも、中途採用者が新しい会社でもがいているうちに、だんだんと新しい会社になじんでいくようになります。この「なじむ」というのが、ここで言う「参加」のイメージです。**周囲からは「あいつも、やっとうちのやり方を学んだな」と評価されるような状態**です。

逆に中途採用者が、いつまでも前の会社のやり方にこだわり、新しい会社になじもうとしないのであれば、周囲からは「あいつは、うちのやり方を知らない」と評価されてしまいます。中途採用者が新しい会社に徐々になじんでいく＝参加していくこと、これが学習の考え方です。

もちろん、中途採用者だけでなく、新卒社員、アルバイト、パート、契約社員など、新しい環境に入っていく必要がある人たちには、この「参加」が求められます。よくあるのが「前のやり方にこだわる」「新しいやり方を受け入れようとしない」状態で、そのためになかなかその場になじめない人たちもいます。**いつまでも参加できずに周囲から浮いていると、会社の雰囲気が悪くなるだけではなく、新しい仕事も任せてもらえず、仕事もできるようになりません。**

そういう人たちも含め、職場や会社に参加できるよう手助けすることも、教えることなのです。

学習＝参加＝なじむ

## 相手が変わってはじめて教えたことになる

3つ目の「学習＝変化」というのは、心理学の観点から見た学習の定義です。教わった人が何らかの変化を起こせば、その人は「学んだ」と評価されるということです。では、どんな「変化」があるのでしょうか。

知識の量が増える、今までと違う技術が使える、気持ちや態度に変化が見られるなど、様々な変化があるでしょう。最後にさらっと書きましたが「変化が見られる」という一文からも分かるように、**変化したかどうかが外から「見られる」ことがポイント**になります。つまり、外から観察できる「行動」が変化すれば見える、学習したと言えるということなのです。

では、相手の行動の変化が外から見えるとは、どういう状態なのでしょうか。
それは、相手の「言動」が変わるということです。私たちが教えたことで、相手の「言葉」や「表情」が変わる、「仕事のやり方」が変わるということです。一言で言えば「態度」が変わるといってもよいでしょう。

例えば、今まで態度が悪かった新人が、私たちの指導を通じてその態度が変わり、朝一番に出社してくる、挨拶の声が大きくなった、周囲に積極的に話しかけている、といった言動を取るならば、その新人の言動変容が促進されたといえるでしょう。

学習＝変化
（外から観察できる行動）
どうしようかな…
何か手伝うことはありませんか？

教わったことで、その人が今までとは違った行動を取るようになったとすれば、それは皆さんが上手く教えることができたということです。

私自身はこの「変化」を手助けすることが、大人相手に教える時に一番難しいことだと思っています。

自分なりの考えを持ち、プライドもある大人の行動を変化させる、というのは口で言うほど簡単なことではないからです。では、どうすれば、大人の変化を促すことができるのでしょうか。

「獲得」「参加」「変化」の具体的な教え方は、この後の章で見ていきましょう。

## まとめ

- 教える時は、「獲得」「参加」「変化」の3つに分けて、教え方を変えます
- 新しい会社（環境）になじませることも、教える人の仕事
- 一番難しいのは、「変化」させること

**POINT**

外から「変化」が見てとれるようにすること

# 第4章

# 一方的に説明しても伝えたいことは伝わらない

## お悩み 4

**教えた時は、「分かりました」と返事していたのに、そのあとの行動が全然変わらない。本当に分かっているのか。**

# 上手な教え方になるための3つのポイント

学習＝「獲得」「参加」「変化」の1つ目、獲得を手助けする教え方について見ていきましょう。ここでは、不足分の知識・技術の付与を行うために、「上手な説明の仕方」を取り上げます。大人相手に教える際に、ここに苦労している方々が多いからです。

「上手な説明の仕方」を、ここではコップに水を入れる行為を例にして説明していきます。押さえておきたいポイントとしては3つあります。

- **コップの大きさ**
- **小分けにして入れる**
- **理解度の確認**

# 伝える前にコップの大きさを確認する

いざ、相手に教えよう、説明しようと思うと、意気込んであれやこれやと重要なポイントを伝えたくなってしまいますが、相手に説明する前に、まずは相手の「コップの大きさ」をはかることが重要です。これは、前に述べた「現状のレベル把握」のことを指します。いきなり説明に入るのではなく、

これから〜について説明したいんだけど、〜についてはどのくらい知ってる?

誰かに教わったことある?

前の会社では〜をどうやってました?

など質問するということです。

相手から、「いいえ、全然知りません」「以前教わったのですが、すみません、うろ覚えで……」「前の会社では、～を、〇〇という感じでやってました」など回答を得ることで、だいたいの「コップの大きさ」、つまり「現状のレベルを把握」することができます。

この「コップの大きさ」は、知識・技術のレベル（度合）だけではなく、その時の相手の状態、特に気持ちや意欲の面もはかる目的があります。相手も人間ですから、教わる時に万全の状態でない時

それぞれのコップの大きさ

もあります。

ずっと教わり続けていて、コップの中が満タン状態の日もあります。あるいは直前にミスをしたので気持ちが落ち込んでいるけど、ミスを何とかしたいと学ぶ意欲は高まっていて、コップの中に余裕がある日もあります。そのときどきによってコップに変化があるので、一方的に説明するのではなく、相手のレベル・状態を把握する、「コップの大きさ」をはかるという行為が必要になります。

この「説明をする前に質問する」というのは、特に中途採用で経験のある方や、新卒で高学歴の方に有効です。**一方的に説明する前に、相手の経験や知識の度合を確認することで、相手の経験してきたことや学んできたことを尊重する**私たちの姿勢が伝わるからです。

逆に、相手の今までの経験や知識をすべて否定して、「うちの会社に来たからには、うちのやり方に従ってもらいます」と一方的な教え方をしたら、相手から反発され、素直に私たちの説明を聞いてもらえなくなるでしょう。

実際、「組織社会化」という新しく組織に入ってきた人たちの適応について研究している分野でも、一方的な教え方を否定的に捉えています。その考えの中では、新人の価値観や個性を尊重するような教え方を「付与的」と呼び、新人のこれまでの経験や価値観を無視したような教え方を「はく奪的」と呼んでいます。

「はく奪的」な教え方は、言ってみれば「今までのことは忘れろ！ うちに入ったからにはうちのやり方に従え！」といった強制的なイメージで、新人にネガティブな影響を与えるという研究結果があります。

実際、営業のやり方を教える上で、「うちの会社のやり方は、電話してアポイント取って商談しに行くっていう順番だから」と言われるよりも、「今までどうやっていました？ うちの会社のやり方は営業電話をして、アポイントを取った上で商談しに行くというやり方ですが、やりづらいとか非効率だなって思ったら、その時にまたやり方を考えるので教えてください」と言われる方が、前向きに仕事に取り組めます。モチベーションを上手く保つためにも、新人のこれまでの経験や個性を尊重し、相手のコップの大きさに配慮する「付与的」な教え方の方が望ましいのです。

## 持っている情報をすべて伝えない

上手な説明の仕方、2つ目のポイントは「コップに入るだけの量を、小分けにして入れる」ということです。

「コップに入るだけの量」とは、**「あれもこれも詰め込まない」「持っている情報を全部伝えない」ということ**です。仮に、持っている情報が10あったとしても、相手のコップの大きさによっては、3までしか説明しない、残りの4~10は後で説明する、といった感じです。

自分本位な教え下手によくあるのが、自分が持っている情報をすべて伝えようとする、いわばコップから溢れるぐらい水をざばざば注ぎ込むような説明です。教えている本人は「伝えるべきことは伝えた」と教えたつもりになっているので、注意が必要です。

一気に注ぎ込まれてしまった教わる側は、**教えてもらったことを全部理解できなかっただけでなく、コップから水が溢れ出てしまうことで、情報が整理されず、曖昧な状態で記憶に残ってしまいます。**1～10まで教えてもらったにもかかわらず、ところどころ抜け落ちてしまって、結局、最初から教えてもらわなければならなくなる悪循環に陥ってしまうのです。

「獲得を手助けする」という観点で考えると、注ぎ込まれた水がコップの中に収

容量オーバーしてしまった人

まらなければ、「教えた」とは言えません。**自分本位な教え下手は、自分が水を注ぐこと（一方的に説明すること）を、教えることと勘違いしているのですが、結局相手のコップから溢れ出てしまった（伝わっていない）なら、教えたとは言えない**のです。

教育哲学者のジョン・デューイの有名な言葉に「誰も学べていないのに、〝教えた〟というのなら、誰も買っていないのに、〝売った〟というのと同じだ」というものがあります。相手に伝わるかが、説明においては大事だということです。

# 情報を分けると分かりやすくなる

ここまで、相手の状態を把握して、「コップに入るだけの量」を教えることについて説明してきました。次に、入るだけの量を「小分けにして入れる」ことについて説明したいと思います。

教わる側に理解してもらうためには、情報を「分ける」ことが重要です。相手が食べやすい大きさにちぎってあげるというイメージでしょうか。フランスパンを丸ごと一本出されると食べづらいですが、小さく切ってあれば食べやすくなります。認知科学の分野では「チャンク（かたまり）」という言葉で表現されているのですが、例えば、

￥1000000 → ￥1,000,000

04936555700 → 0493-65-5700

といったように、区切られているほうが情報を読み取りやすくなります。

ただ、こういった「分ける」といった配慮を、自分本位な教え下手はできません。**教え下手は、自分が持っている情報を出せば教えたことになる、と考えている**ので、一方的に情報を垂れ流します。聞いている側にしたら「いつまで話が続くんだろう……」と、話の終わりが見えず、集中して最後まで聞いていられません。

場合によっては、説明しながら話の着地点を考えるので、内容が「ぐちゃぐ

ぐちゃぐちゃにならないように分ける

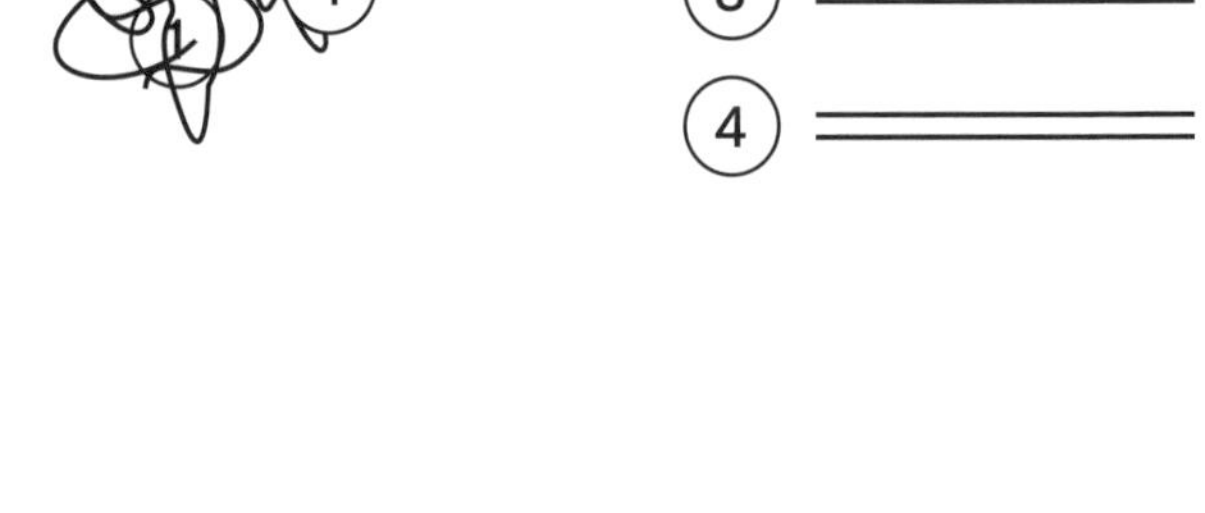

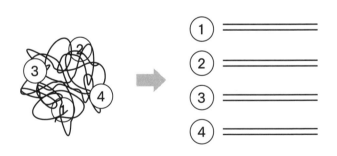

ちゃ」になってしまい、論点を見失ってしまうこともあります。その結果、「何言ってるんだろう、この人」「話についていけない」「結局、何が言いたかったんだろう……」と聞き手が迷ってしまうような、まとまりのない説明になってしまいます。

言葉の遊びに聞こえるかもしれませんが、「分けると分かる」のです。教わる相手にとって、初めて聞く話はなかなか頭に入っていきません。説明を聞いても、1つ分からないことがあるとつまずいてしまい、そのあとの説明の理解度が低くなり、混乱状態になりやすいのです。

一方、**教え上手の説明は、内容ごとに分かれています**。そういう初めて聞く情報も「〜についてのポイントは、3つしかないからよく聞いてね。1つ目は○○、2つ目は○○、3つ目は○○」と、小分けにして説明されれば、頭に入っていきやすくなるのです。教わる側も「ポイントは、全部で3つあるんだな。今1つ目、今2つ目、今3つ目について話しているんだな」と、聞きながら、教える側の説明を追っていきやすくなります。

**説明する際は「コップに入るだけの量を、小分けにして入れる」こと**を大事にしてみてください。「分ける」ことによって、相手に「分かって」もらえるのです。

また、「小分け」にして説明する際、中身に「Why（なぜ）」を入れることも意識してみてください。やってもらいたい何かを説明し、実際仕事として行動してもらう際に「Why（なぜ）」やるのか、その理由や目的も説明してほしいのです。

これは、特に外国籍の方々に教える時に必要になります。「何のためにその仕事をやるのか」「その方法を取る理由は何か」など、Why（なぜ）が説明されれ

コップに　Why（なぜ）のかたまりも入れる

ば、彼らの多くは納得して取り組んでくれます。逆に、目的や理由がはっきりしないと、その仕事に取り組む意義や、その方法を使う正当性が見いだせず、意欲が低下してしまいます。日本人に対しては「言わなくても分かるだろう」と暗黙の了解を期待してしまうことがあるのですが、外国籍の方の場合「言わないと分からない」のです。

それに対して、教え下手によくあるのが「理由なんてどうでもいいから、とにかくやれ」という説明です。これは、教える本人が「Why（なぜ）」を分かっていないので、相手に説明できないということもあります。

例えば、営業電話をする前に商品のカタログを必ず送っている会社があるとします。コスト面から考えると、無差別にカタログを送るのはとてももったいない行為です。新人に「なぜ、営業電話をしてから必要な会社にだけカタログを送らないのですか？」と聞かれた時、「自分に教えてくれた先輩社員もそうやっていたから、自分も同じようにやっている」では話になりません。

どの行動にも理由があると考え、その理由を答えられるようにしておきましょう。
実際、資料を先に送っておくことで、電話越しに詳しい話をすることができ、興味を持ってもらえる可能性が上がります。また、運が良ければ資料に目を通してもらうことができ、「こんな会社があるんだ」と認知してもらえます。

短期的な目線で見れば、カタログを送り続けることは経費のムダのように思えますが、長期的な目線から見れば、商品を知ってもらうこと、そして買ってもらうことが最終目的になります。その目的を果たすための先行投資として考えれば、カタログを送ることも重要な仕事だと言えます。

説明する際に「Why（なぜ）」を入れ込む努力をすることで、私たち自身が「そういえば、何でなんだろう?」と、改めて考える機会にもなるので、「Why（なぜ）」も伝えられるよう意識してみてください。

# 上手な教え方は「伝えて終わり」ではない

上手な説明の仕方、3つ目のポイントは「理解度の確認」です。

私たちが伝えた情報が、どれだけ相手のコップに入ったのかを確認します。会社で教えていて苦労することの1つが、この「相手の理解度」です。説明していても、相手の反応が薄いので「分かっているのか、分かっていないのかが分からない」という状況になったり、「頷いて聞いているので、分かっているのかなと思ったら、ぜんぜん分かっていなかった」という状況になったりします。相手にどれだけ伝わったのか、説明直後に確認することが重要になってきます。

理解度の確認をする方法は、**「言葉にしてもらう」「文字にしてもらう」「行動して**

もらう」の3つです。これは「現状のレベル把握」で使ったものと同じになります。

説明したことがどれだけ相手のコップに入ったのか、相手の理解度を確認する際の例を示します。

**・言葉にしてもらう**

今説明したことを、ポイントだけでよいので、復唱してもらえますか？

○○さんだったら、今の説明を基に、この後どうしますか？

もう少し詳しく聞きたい点はありますか？

・文字にしてもらう

今説明したことを、資料にまとめてもらえませんか？

今日教わったことを、レポートにまとめて明日提出してもらえますか？

・行動してもらう

今の説明を参考に、ちょっとやってみてもらっていいですか？

実際、今やってもらってもいいですか？

このように「言葉にしてもらう」「文字にしてもらう」「行動してもらう」という3つの方法を使って、相手のコップにどれだけ水が入ったのかを確認します。

**仕事の理解度を確認する時に、一番やってはいけないのは、「分かった?」と訊くこと**です。このように訊かれると、「はい」と答えるか、「はあ」と答えるか、2通りしかないのです。

教える側は、相手の理解度を知るために丁寧に質問しているつもりになっていいます。しかし、「分かった?」という質問は、YesかNoの二択で訊いてしまっているので、教わった側としては、Noとは言いづらいのです。彼らも私たちが一生懸命説明しているのを分かっていますから、そんな教える側に対して「いいえ、全然分からなかったです」とは答えられません。

私たちが確認すべきは、YesかNoではなくて、「どのくらい伝わったのか」ということです。「1から10まで説明して、全部とは言わないけど、どのくらい伝わった?1から3ぐらいまでは伝わったかな?」ということを知るのが「理解度の確認」です。そこで有効なのが、「言葉にしてもらう」「文字にしてもらう」「行動してもらう」という3つの方法なのです。

もう1つ、**やってはいけないのは、「何か質問ない？」という訊き方**です。こう訊かれた相手の多くは「特にないです。大丈夫です」といった回答を返してきます。初心者の場合、自分が何が分からないのかも分かっていないので、「質問しろ」と言われても質問ができません。ある程度、そのテーマに関して理解が進んでくると、自分が分かっていないことが分かってくるので、初めて質問ができるようになります。

それまでは手間がかかるかもしれませんが、「言葉にしてもらう」「文字にしてもらう」「行動してもらう」という3つを通じて、相手の理解度を確認してみてください。

# 大人相手の説明に必要な「吐く・吸う・吐く」

「説明を聞く」という行為は、教わる側にしてみれば、情報を「吸う」ような行為で、スーッと息を吸い込むといった感じでしょうか。ただ、人間ですから、ずっと息を吸い続けることはできません。息をハーッと吐くことも必要になります。ハーッと吐いた後であれば、スーッと吸いやすくなりますよね。

つまり、息で喩えると、私たちの説明を「吸わせたい（聞かせたい）」ならば、まずは相手に「吐かせる（言わせる）」ことが必要なのです。

「上手な説明の仕方」で考えれば、

**・コップの大きさをはかり（吐かせる）**

**・分けて分かりやすく説明し（吸わせる）**

・**理解度を確認する（吐かせる）**
ということです。

呼吸で表現すると「吐く・吸う・吐く」といった流れになっています。

・**「吐く・吸う・吐く」の例**

吐く
今まで、訪問客の対応はどんな感じでやっていましたか？**（吐かせる）**

吐く
そのオフィスで一番若い社員が対応するようになっていました

そうなんですね。うちの会社では手の空いてる人、気づいた人が積極的に対応するように決まっています**（吸わせる）**

吸う
そうですか

吐く

しかし雑用は若い社員の仕事だと思うのですが……

もちろん、仕事を覚えてもらうという意味で、来客対応などの仕事は新人の仕事になりますが、うちの会社では助け合うという精神を大切にしているので、まずはこのやり方でやってみてもらえませんか？**（吸わせる）**

吸う

はい、分かりました

**一方的に説明して、ずっと吸わせているような状態は、特に大人相手に教える際には避けるべき行為**です。大人は経験があり、自分なりの考えを持っているわけですから、それを尊重せず、こちらのやり方だけを一方的に「吸わせよう」とすると反発されるのです。大人ですから、それを表には出さないかもしれませんが、私たちの説明を聞きながら「そんなやり方より、自分が考えているやり方のほうがよい」「とりあえず、聞いているふりをしておこう」と聞き流されているかもしれません。

そんな大人に納得して説明を受け入れてもらえるように、本人なりの考えを言わせます（吐かせる）。その上で、私たちの説明を聞かせて（吸わせて）、最後に理解度や本人のやり方を聞く（吐かせる）というのが、大人相手の説明には必要なのです。

後日、教えたことが理解できているか確認するために、再度相手のコップの大きさを確認し（吐かせる）、空いている容量に合わせて、新しいことを教えます（吸わせる）。これを繰り返すことで、教わる側に無理なく教えることができます。

**・後日談**

訪問客の対応について、困っていることはありませんか？　何か気づいたことがあれば、それも教えてください**（吐かせる）**

吐く

問題ありません。ただ、飛び込み営業の場合、どのように対応すればいいですか

うちの会社では、基本的に飛び込み営業をお断りしているので、名刺だけいただくようにしてもらえますか **(吸わせる)**

余談ですが、ネイティブ・アメリカン「テワ族」の言葉「ハホー」は、「学習」を指し、その意味は「息を吸い込むこと」と言われています。説明する際は「吐く・吸う・吐く」を意識するだけで、伝わりやすさがぐっと変わるのでぜひ試してみてください。

なお、知識・技術の付与のうち、特に技術に関しては、説明するだけではなく、「やってみせる（吸う）」「やらせてみる（吐く）」という教え方も必要になります。「やってみせる」際には、「どこを見てほしいのかを事前に伝えてから、やってみせる」こと。「やらせる」際には、その様子をよく観察し、やらせた後で「フィードバック（良い点と改善点を伝える）」を行うことが重要となります。このあたりの詳細な教え方については、拙著『これだけはおさえておきたい仕事の教え方』（日本能率協会マネジメントセンター）もご参照ください。

「コップの大きさ」「小分けにして説明」「理解度の確認」の循環

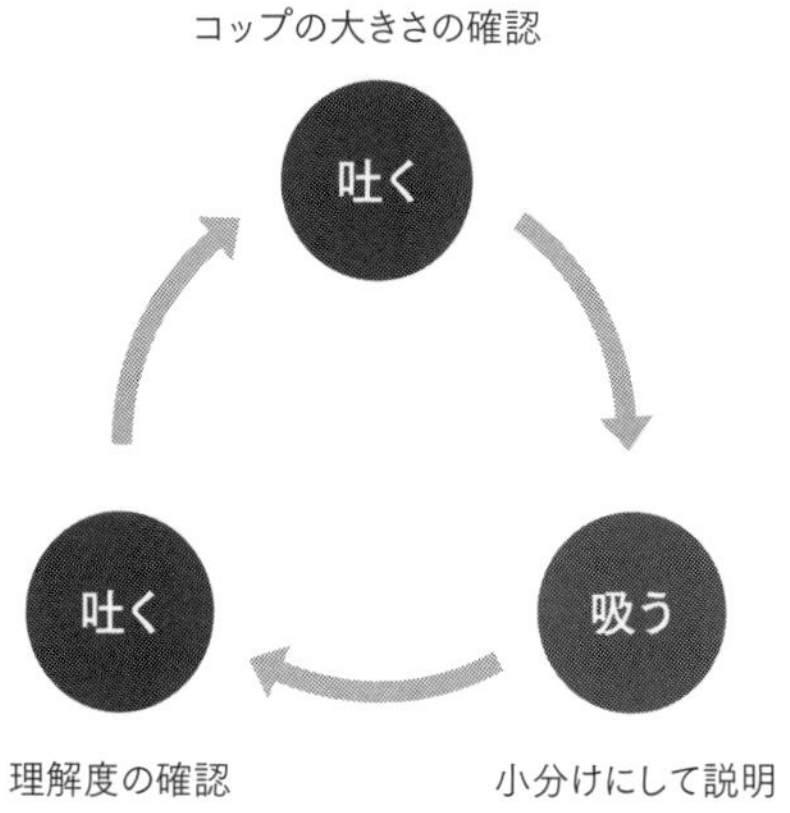

## まとめ

● 上手な説明の仕方とは、

①相手の知識や経験を確認します

②内容を整理して、小分けにして説明します

③仕事であれば、「なぜやるのか」という
理由も説明します

POINT

説明した後は、
理解度を確認しましょう

# 第5章

# 早く会社になじめるような仕掛けを作る

お悩み

# 5

会社の雰囲気に

慣れさせようと思って、

「今度、飲みに行こう」と

声を掛けたら、

微妙な空気になってしまった……。

## 職場の雰囲気づくりが会社と新人のためになる

次に、学習＝「獲得」「参加」「変化」のうちの、「参加」を手助けする教え方について見ていきましょう。この本では教育学の知見を参考に、**学習＝参加＝「なじむ」**と考えています。この「なじむ」ということについて、経営学の「組織社会化」という領域では、「適応」という言葉で表現しています。

これらの研究の中で「適応＝なじむ」とはどういう状態なのか、研究者たちは様々な議論をしていますが、この本では、それらの議論を整理した組織社会論の研究者であるバウアーらの「適応」の考え方を参考にしています。

バウアーのいう「適応」とは、つまり仕事への慣れ、同僚への慣れのことを指します。しかし、「慣れ」は時間とともに自然と起こるもので、教える側が意図的に行わなくてもいいのではないかと思う人もいるでしょう。
しかし、「適応」を甘く見てはいけません。人間という生き物は、自分のためではなく、他の誰かのために動く時が一番力を発揮するのです。それは、個人的な話ではなく、会社という単位でも同じことが言えます。結束力の強い会社は成長力があります。新人が会社のためにと思う気持ち、そして、会社が新人のためにと思う気持ちが、何よりも大切なのです。

参加の手助け、つまり教わる側が職場に適応(＝なじむ)できるよう支援することが最終目標になります。ここでも、「相手の立場に立つ」という本質は忘れずに話を進めていきましょう。

新しい会社に「なじむ」とはどういう状態かというと、**「役割の認識」「適度な自信」「周囲の受容」**の3つがなされた状態だと考えます。

# 「マニュアルを読んでおいて」は教えたことにならない

突然ですが、新しく職場に入ってきた人が困ることって何だと思いますか。

覚えることが多い、今までとやり方が違う、専門用語についていけない、職場にいる人の顔と名前が一致しないなどあるでしょう。その中でも**新人が一番困るのは、「することがない」という状態**です。仕事ができないので、何か教えてもらわないと、あるいは彼らのレベルでもできる仕事を与えてもらわないと、何もすることがなくなってしまいます。

私たち教える側も忙しいですから、新人ばかりにかまっていられません。かといって、新人に何も指導しないというわけにもいきません。そこで、つい「マニュアルを読んでおいて」と放置状態にしてしまうことがあるのです。指導者にそう指示された新人は、言われた通り机に向かってマニュアルを読みはじめます。いえ、正しい言い方をすれば、マニュアルを広げて眺めはじめます。

本人の気持ちとしては、「自分だけ仕事ができずに申し訳ない」「周りの人に悪い」と思いながらも、できることがないので、申し訳なさと焦りで頭がいっぱいになってしまいます。こんな心理状態で、マニュアルの内容が頭に入ってくるわけがありません。マニュアルのページをなんとなくめくるだけで、手持ち無沙汰な状態が続きます。

ある新人は、「やることがないので、仕方ないからメールを見ているふりをしたり、オフィスのゴミや書類を片付けるふりをしていました。エクセル入力でも何でもいいから、仕事をもらえたらありがたかったです」ということを話していました。

こういう手持ち無沙汰な状態では、いつまでたっても職場になじむことができません。何もすることがなければ、その場に「参加」することはできないからです。新人が職場に参加し、適応するためには「役割の認識」が必要になります。

「役割の認識」とは、**自分が職場に来て何をすればいいのか、いちいち言われなくても分かっているという状態であり、こういう状態を作れるよう手助けする**ことが、私たち教える側には求められます。最初の段階は「今日は、昨日受注した商品の受注処理を午前中までにやっておいて。それが終わったら、次の仕事をお願いするからまた聞きに来て」と、細かく指示しなければいけないでしょうが、いずれは「今日は、午前中に昨日の受注処理を、午後には新商品のPR用の資料作成をやっておきます」と自分から言ってくるようにしていきたいものです。

そこでおすすめしたいのが、「仕事マップ」を描いてみることです。「仕事マップ」とは、新人が関わるであろう仕事の全体像のことです。

この全体像をもとに、「1年かけて、ここに書かれているすべての仕事ができるようになってもらうから」と説明した上で、「最初の1ヶ月間は、この営業活動のアポ取りができるように、一緒に進めていこうか」といった形で、指導していくことができます。

この全体像があることで、今自分がやらなければならないことが何なのか明確になり、新人が自分の「役割の認識」をしやすくなるのです。

また、全体像が見えることによって、新人が抱える不安も解消できるようになります。覚えなければならないことがたくさんあると、何をどこまで覚えれば終わるのか、不安になってしまう新人もいます。仕事マップで全体像が把握できれば、これからどんな仕事を身につけるのか分かって安心しますし、今後どんなことを学んでいくのか事前に知れて、心の準備をすることもできます。

仕事マップの例

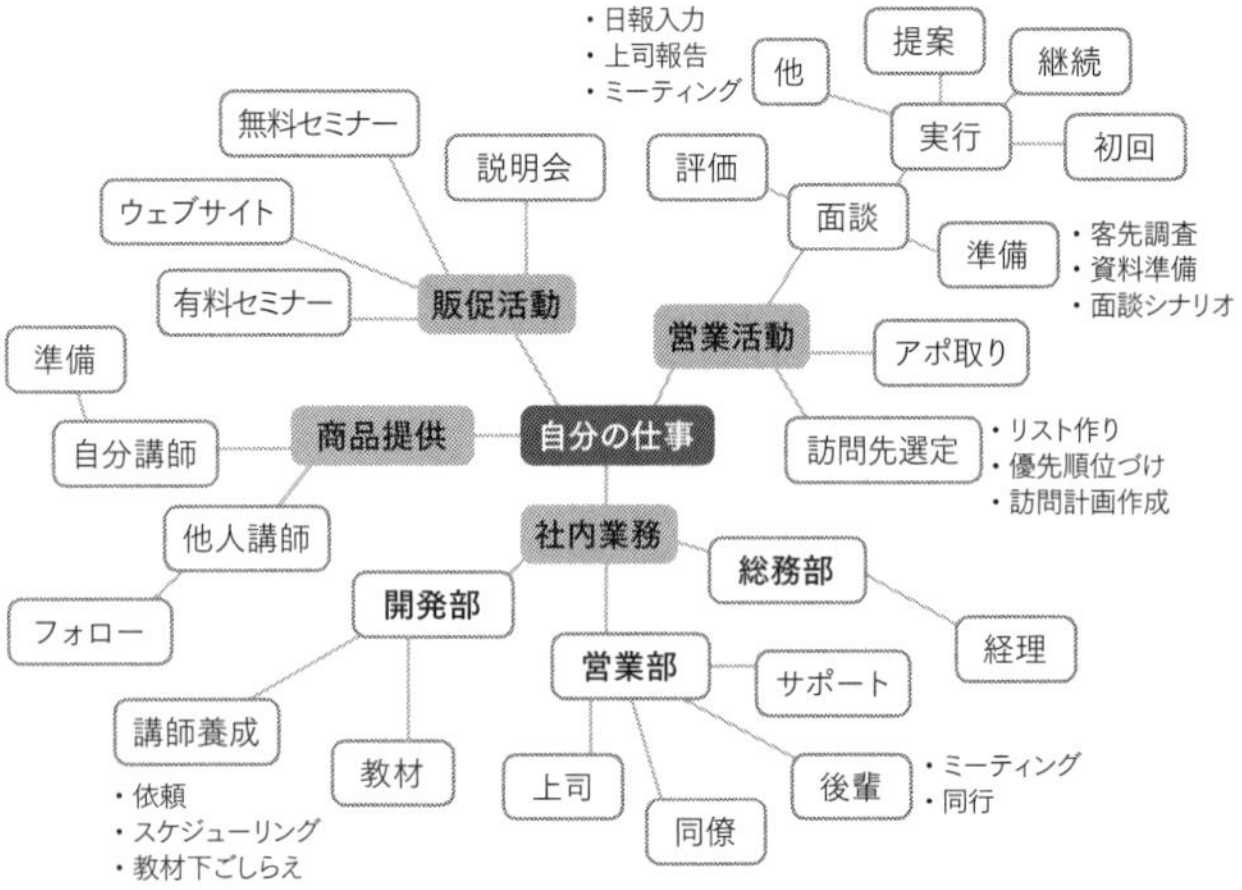

一度作ってしまえば流用もできますので、新人のために仕事マップを作成してみてください。

**・仕事マップがある場合**

Good!

最初の1ヶ月は、アポ取りができるようになればいいって言っていたから、アポが取れるようになったら、訪問した時の営業トークの練習とか、資料作成や準備の仕方を覚えていくんだろうな。

Good!

セミナーや説明会の準備も手伝えるようになってほしいって言ってたけど、それは半年後らしいし、とりあえずアポ取りに集中しよう。

・仕事マップがない場合

Bad!

とりあえず、営業電話をしてアポが取れるようになってって言われたけど、アポが取れるようになったら、そのあとどうするんだろう?

Bad!

ゆくゆくはセミナーや説明会の手伝いもしてもらいたいって言ってたけど、それっていつからやるんだろう。分からないことだらけで不安になる……。

# 辞めさせないために「チヤホヤ」するのは正しいのか

新しく職場に入ってきた人は、不安を抱えています。「自分はここでやっていけるのか？」「職場の人たちはどんな感じか？」「自分の力が通用するのか？」など、新しい会社に自分がどれだけ適応できるのか想像できず、縮こまってしまいます。

しかし、そういう不安を持っているということを、すでに職場になじんでしまった私たちは忘れがちです。早く戦力になってほしい、1日でも早く活躍できるようになってほしいと焦る気持ちが強くなってしまい、仕事の出来不出来にばかり目がいってしまいます。その気持ちは理解できますが、まずは相手も不安を持っているということを理解してあげるようにしましょう。

仮に新人が不安を抱えているとするならば、タイミングを見て新人の話を聞いてあげる機会を作ってみてはどうでしょう。相手の意見に耳を傾けることは、相手を尊重していることになるので、新人に安心感を与えることができます。ただ、注意してほしい点が1つあります。それは、抽象的な質問をしないということです。

大人相手に「何か不安なことありますか？」と訊いても「いえ、大丈夫です」と言われるので、

- 「新しい職場には慣れましたか？」
- 「何かやりづらい点とかありますか？」
- 「少し困っていることとか、あるいは〝こうしたらもっとやりやすいのに〟と思うことはありますか？」

など、具体的な質問をして相手の気持ちや考えていることを聞き出してみてください。向こうからはなかなか言いづらいことも、こちらから訊いてあげると話しやすくなります。

さらに、このような不安を抱えている新人が職場に適応するためには、「適度な自信」が必要になります。**「適度な」とわざわざつけているのは、「過剰な」自信を持ってほしくないためです。**

職場によっては、せっかく採用できた新人を辞めさせたくないために、新人に過剰に気を遣っているケースも見られます。新人にダメ出しをせず、「いいよ、いいよ」とチヤホヤしてしまい、新人が「自分は仕事ができている」と勘違いをしてしまっていることもあります。特に、学歴が高い新人にその傾向は見られるかもしれません。このような「過剰な」自信ではなく、「適度な」自信を持てるよう、私たち教える側が手助けする必要があります。

そのために必要なのは、仕事を与えることです。

「適度な自信」は、仕事をやり遂げたという経験からしか生まれてきません。そのような達成感を得させるためにも、新人を手持ち無沙汰にせず、「仕事マップ」を通じて仕事経験を積む機会を作ってあげてください。

しかし、そうは言っても、新人の知識・技術レベルでは、与えられる仕事が少ないというのが難しい点でもあります。そこで有効なのが「雑用」です。

職場内の片付け、資料の整理、先輩の手伝い、朝一番に出社して鍵を開けておくなど、誰でもできる簡単な仕事を依頼します。ここでポイントなのが、「簡単な」仕事という点です。例えどんな雑用だったとしても、頼まれた仕事を成し遂げたという経験が蓄積されるということが大切だからです。中途採用の方にお願いするのは難しいかもしれませんが、学校を卒業したばかりの新人にはお願いしやすいでしょう。

**【お願いできそうな雑用リスト】**

・書類の整理
・ゴミ捨て
・オフィスの掃除
・来客対応

・電話対応
・植物の水やり
・備品の補充
・発送物の手配
・飲み会の手配

ただ、最近の職場では派遣社員や契約社員がこういった雑務的な仕事をしていることも多いので、新人に与える雑用を探すのも難しいといったこともあるかもしれません。でも、雑用でもやることがあれば、新人の経験も増えますし、雑用を通じて学べることや、先輩たちとの接点が増えるメリットもあるので、積極的に取り組んでもらいましょう。

また、こういう雑用を新人自らが積極的に行うことで、自分の存在をアピールできるというメリットもあります。「誰かがやらなくてはいけない仕事」である雑用を、まだそれほど忙しくない新人が肩代わりしてくれることで、職場の他のメンバーの負担が減ることになります。それは新人の存在価値を上げることにつながるので、より職場に参加しやすくなるのです。

さらに、雑用は新人に仕事を教えるための「対価」であるという説もあります。忙しい先輩にこれまで培ってきた技術や経験を教えてもらうためには、それに見合った対価を提供するということです。新人が雑用をしてくれるのであれば、「仕方ねーなー。教えてやるか」という感じです。

以上のように、雑用には新人に「適度な自信」をつけさせ、新人の「存在価値」を上げ、「仕事を教えてもらう対価」の提供にもなるという様々なメリットがあるので、ぜひ新人ができる雑用を考えてみてください。

# 会話が続くか不安でも話をする機会を作る

新人が職場に適応するためには、「周囲の受容」が必要になります。私たち教える人間だけでなく、他の職場メンバーも新人を受け入れてくれている状態です。新人から会社に溶け込むのを待つのではなく、私たちから新人を認めていかなければなりません。

認めるといっても、そんな大げさなことではありません。新人に声をかける、仕事を振る、時には昼食を一緒にとるなど、長期的にということは難しくても、短期的にでも新人と接点を持ってもらい、新人を職場の仲間として受け入れてもらうことが、適応（＝なじむ）にとっては必要なのです。

そうはいっても、人によっては10歳も20歳も離れている新人相手に、何を話したらいいか分からないという人もいるでしょう。そんな人のために、年齢差があっても会話が続く話のネタを参考までに記しておきます。

**【話題例】**

- 大学時代の話題（専攻、サークル、バイト）
- 出身地の話（名産物、観光地）
- 趣味・娯楽
- 時事問題
- 週末の出来事
- 季節（天候、イベント）

ついでに、NGテーマとしては、家族や恋人、友人などの人間関係です。

逆に、新人がなじめず浮いてしまって、いつも1人でいる、周囲の輪に入れないという状況になると、職場の雰囲気が悪くなり、新人も私たちも辛くなるので、何とか避けたいものです。

そこでおすすめしたいのが「職場インタビュー」です。新人に自部署、他部署含め、これから関係するであろう人たちに、インタビューをしてくるよう指示するのです。インタビューしてくる内容としては、仕事内容、新人と関わる可能性、その人のキャリア、趣味など、新人が今後その人と話をしやすくなるような情報を得られるようにします。

もちろん、インタビューを受ける相手にも、私たちから事前に「これから新人が話を聞きにいくので、15分ぐらい付き合ってやってください」などと、根回しをしておく必要はあります。新人にとっては、会社の中で話せる人が増えるほど、会社での居心地がよくなり、新しい環境にスムーズになじんでいけるようになるのです。

**【インタビューリスト】**

・現在の仕事内容
・成功事例と失敗談

・1番嬉しかったこと
・今後の目標
・今までのキャリア
・新人との関係性
・オススメのランチ
・趣味

インタビュー内容によっては、インタビューされる側も自分の仕事を振り返るきっかけになったりもするので、おすすめです。

# オンラインの注意点

コロナ禍を経て在宅勤務が増えたり、オンラインでのやり取りが中心になっていたりする職場もあるでしょう。そういう職場に新しい人が入ってきた場合、気を付けるべき点が2つあります。それは「初期段階はなるべくリアルで会う機会を作ること」、そして「オンラインではカメラオンにすること」です。

新しく入ってきた人の緊張感を下げ、できるだけ早く職場に慣れてもらうためにも、まずはリアルで会う機会を作ってあげましょう。会議やミーティングの場を設けたり、ランチを一緒に取る機会を作ったり、時には飲み会をセットしてあげたりなど、まずは近い距離で話す機会を作り、親密度を高めましょう。その後であれば、遠距離で仕事をし、オンラインでやり取りしていたとしてもスムーズに進んでいきます。

例えば、筆者はパートナー講師の方々と共に、中途採用者のメンタリング研修を支援しています。中途で入ってきた方をメンティーとし、その会社に長くいる先輩にメンターになってもらいます。月1回のメンタリング面談はオンラインで行いますが、最初の顔合わせだけは必ずリアルの場を設定します。「メンタリング研修」と銘打って、メンター、メンティー両方が同じ場所に集まってもらうのです。ここで最初の関係構築ができ、親密度が高まると、その後はオンラインでも悩み相談ができ、スムーズに進んでいきます。

2つ目の注意点として、オンラインでの「カメラオフ」問題があります。コロナ初期の頃、回線の関係などで、「カメラオフ」で音声だけのやり取りが中心だった企業が多く出ました。その結果、オンラインに慣れてきても、「顔を出すのが面倒くさい」「音声だけのほうが楽」ということで、ミーティングや1on1も「カメラオフ」のまま続けている職場があります。

そういう職場に新しい人が入ってくると、仮に自分だけ「カメラオン」にしていても、他のメンバーが「カメラオフ」ですから、居心地が悪くなってきます。職場メンバーの名前は分かっても顔が見えない。声しか聞こえないとなると、なかなか馴染めないでしょう。元から知っているメンバー同士なら、カメラオフはそれほど問題にならないのですが、新しい人が入ってきた時には、カメラオンにして顔と名前が一致できるようにしてあげましょう。

## まとめ

- コミュニケーションが取れると、強いチームになります
- 仕事マップと雑用で、手持ち無沙汰にさせないようにします
- 職場インタビューで、話せる人を増やしてもらいましょう

POINT

過剰な自信を持たせて、
天狗にならないように
気をつけよう

# 第6章

# 「プライドの高い大人」を素直にさせる方法

お悩み

# 6

せっかく時間をかけて教えたのに、

教えたことを

全くやっていないなあ……。

彼とはウマがあわないし、仕方ないか。

でも、他の人にも影響が出るから、

何とかしなければ。

## 当たり前だった行動を変える

今まで、「獲得」の手助け、「参加」の手助けの具体的な方法を見てきましたが、最後に、相手の「変化」を手助けする教え方について見ていきましょう。

長期的に考えれば、教える（獲得や参加といった学習を手助けする）ことで、相手の行動は変化していきます。しかし、情報社会と呼ばれ、日々、物事が新しくなっていく世の中で、相手が変化するのをゆっくり見守る余裕がないのも事実です。

ここでは、相手の言動が変わるよう促していくやり方を見ていきましょう。自然と変化していくのを待つのではなく、変化するように誘導するイメージです。「変化させる」と聞くと、高圧的で、上から目線で、自分本位な印象を受けてしまいますが、好ましくない言動であれば、それを正すということも教える側の重要な役目です。

しかし、言動を変えるといっても、相手が大人であれば一筋縄ではいきません。これまでの経験、自分なりの考え、プライドもある大人相手に、自分の言動を変えてもらうのは難しいものです。10年、20年、それが当たり前だと思って過ごしてきた行動や考え方を変えるためには、かなり意識して直さなければならないからです。ただ、少し厄介なだけで、不可能なわけではありません。

そこで、変化の手助けをよりスムーズに行えるポイントを3つ挙げたいと思います。

**ターゲット（標的）**
**シナリオ（筋書）**
**フォロー（追跡）**
です。

次のページから1つずつ見ていきましょう。

## 「良い言動」と「悪い言動」の両方をターゲットにする

まず、ターゲット（標的）を明確にします。ここでいうターゲットとは、相手の変えてほしい言動のことです。私たちが「変えてほしい」と考えるということは、その言動はどちらかというと「悪い」あるいは「望ましくない」言動であるといえるでしょう。例えば、服装、立ち居振る舞い、言葉遣い、お客様や周囲の人への接し方、仕事の進め方などです。

会社のメンバーとしてふさわしくない言動があるならば、改善してもらう必要があります。誤ったパソコンの操作方法や資料作成の仕方、ＴＰＯにそぐわない身だしなみなど、仕事上必要な最低限の知識から教えなければいけない場合もあります。

それだけではなく、あいさつをしない、返事の声が小さい、お礼が言えないなど、教える立場の私たちとしては、正直「そんなことまで言わなくちゃいけないの」と思いたくなるようなことを指導することもあるかもしれません。特に、指摘する内容がマナーや言葉遣いなど、**基本的な内容であればあるほど大人相手に言いづらくなりますが、それらの「悪い言動」を「望ましい言動」に改めるように指導**しなければなりません。

ちなみに「良い言動」あるいは「望ましい言動」は、そのまま「続けてほしい言動」になります。「悪い言動」だけではなく、相手の「良い言動」もきちんと把握しておきます。その言動が「望ましい」ものであるということが本人に伝われば、その後もその言動を続けてくれる可能性が高くなるからです。逆に、いつも「悪い言動」ばかり指摘されていたら、相手も嫌になってくるでしょう。

「変えてほしい言動」というターゲット（標的）を設定する目的は、「現状と目標の差」を埋めるためです。「変えてほしい言動」（現状）は何で、「望ましい言動」（目標）

は何なのか、教える私たちがはっきりさせておく必要があります。ターゲット（標的）というぐらいですから、相手の言動をよく観察する必要があります。的がきちんと見えていないと、当てることもできないので、明確にさせることが大切なのです。

「望ましい言動」について考える際には、職場の他のメンバーの「良い言動」も参考にしてみてください。

## 「変えてほしい言動」は1つに留める

ターゲット（標的）という「変えてほしい言動」が明確になったら、次はシナリオ（筋書）を作ります。

シナリオ（筋書）といっても大げさなものではなく、「こういう順番で、こんな感じで伝えよう」と大まかな流れでかまいません。大人の言動を変えてもらうというのは、相手のプライドの問題もあり、かなり難しいことです。そのような難しいことに挑戦するわけですから、私たちも事前にある程度の準備をする必要があるのです。

シナリオ（筋書）の大まかな流れを考える時は、次の2つを参考にしてみてくださ い。

## 「良い点から改善点へ」「吐く・吸う・吐く」

相手の言動を変えてほしい時は、まず「良い点」から伝えます。「良い言動」は今後も「続けてほしい言動」なのですから、それらの言動はこれまで通りしっかり継続してもらえるよう伝えます。行動分析学では、良い言動を誉めることで、その言動が「強化」され、繰り返されるといわれています。

Aさんは掃除を本当によくやっていると思います

Aさんは、電話営業の時の声がいいですよね

Aさんが作成してくださった資料、見やすくてすごく助かりました

など、こちらが相手のことをきちんと見ているということを伝えるのです。そのた

めにも、**抽象的な言い方ではなく、具体的な言動を伝えることが大切**です。下手に、「すごくいいですよ！」と言っても、何が良いと感じているのかはっきりしていないと、「この人、何を言っているんだろう」とかえって不信感を抱かせてしまう可能性があるからです。

この後、耳に痛いことを言わなくてはいけないわけですが、相手を誉めるというワンクッションを入れることで、相手も「ここまで見てくれているこの人に言われるなら仕方ない」と思ってくれる可能性が高まります。

「良い点を伝えてから、改善点を伝えてください」と言うと、ここの切り替えを難しく感じる人もいるのですが、「今伝えた点は、良い点として今後も続けてほしいんですが、1つ改善してほしい点があるんですよ」と前置きをしてから、改善点の指摘に入っていけば、よりスムーズに改善点の話ができるようになります。

良い点を伝え終わったら、改善点を伝えましょう。改善点も良い点同様、何をどうしてほしいのか具体的に伝えるようにしてください。

　また、**改善点は、あれもこれも言わずに、まずは1つに留めることをおすすめします。**私たちがついやってしまうのが「あれもこれも」伝えてしまうことです。私たちも言いたくないことを言っているので、少し感情的になったりすると「この機会に、まとめて言ってやろう！」と歯止めが利かなくなることもあるでしょう。しかし、一方的に改善点を伝えた場合、実際は半分以上伝わっていないことが大半です。相手も大人ですから神妙に聞いてくれていますが、心の中では納得がいってなかったり、あるいは聞き流していたりするからです。

　こういう厳しいことを言う場面では、

シナリオを参考に指導している例

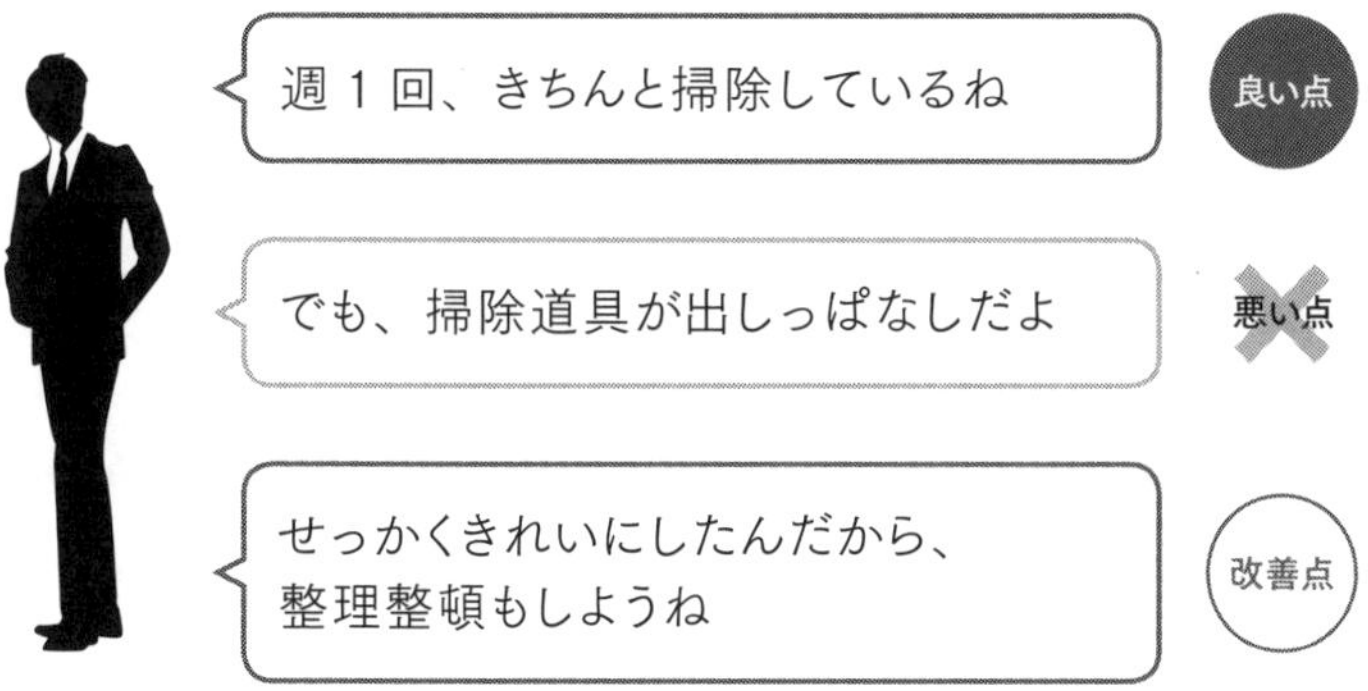
週１回、きちんと掃除しているね
良い点
でも、掃除道具が出しっぱなしだよ
悪い点
せっかくきれいにしたんだから、整理整頓もしようね
改善点

「言うべきことを言った」ことに満足し、「これで自分の役目は果たした」と考える人もいますが、教える側が目指している目的は「現状と目標の差」を埋めることであり、ターゲット（標的）である「変えてほしい言動」が目標である「望ましい言動」に変わらなければ意味がないのです。

相手にとっては耳が痛いことを言われているので、一度にあれこれ言ってもいきなりは変われません。ターゲット（標的）である「変えてほしい言動」は、絞り込んだほうがよいでしょう。そして、この「改善点を伝える」時は、「上手な説

**教える側が、一方的に叱っている悪い例**

営業の数字が上がっていないぞ！
何で受注できないんだ！
電話してるのか？！

明の仕方」でもお伝えした、「吐く・吸う・吐く」を意識するのをおすすめします。

良い点を伝えたら、「改善点」を指摘し、それに対する自分の考えや意見、時には反論や言い訳をきちんと吐き出してもらいましょう。

私から見ると、Aさんの報告の仕方は間違っているところがあるようにも思うのですが、Aさん自身はそのことについてどう思いますか？

といったように、相手に吐き出してもらうためのきっかけとして、改善点の指摘はさらっと行うようにします。相手が自分の意見や考えを吐き出してくれたなら、その上でこちらの言い分を吸わせます。

Aさんの考えも十分に理解できます。ただ、クレームがあった時の報告については今後改善してほしいと思っています。クレーム対応は、丁寧さも大切ですが早さも重要になってくるので、概要だけでも先に伝えてもらいたいですと、**改善してほしい理由（Why）と共に伝えます**。具体的な改善点を伝えた後は、もう一度「吐かせ」ます。こちらの言い分を吸わせた上で、さらに反論があるなら吐き出してもらいます。その上で大事なのは「今後の合意」です。

あまり良い話ではなかったと思いますが、今回の話を聞いて、今後Aさん自身はどうしようと思いますか？

と、今後どのような言動を取ろうと考えているのか、相手に言わせるのです。ここで相手が言ってくれた内容が、今後、実際にやっていく言動ということで、次のフォロー（追跡）につながっていきます。

ここでの**ポイントは、今後の言動を「本人に言わせる」こと**です。こちらが「今後、クレームが発生した際には、出先からでもいいのですぐに連絡するようにしてください」と言ってしまうのではなく、相手に言わせましょう。自分の口に出して言った言葉であれば、より納得性の高い約束になります。そのためにも、「今後、どうしますか？」と問いを投げかけた後の「間」が重要になります。相手が考え、言葉を出すまでの「間」を取ること。沈黙に耐えきれず、こちらが言葉を挟まないよう、我慢してみてください。

そして、もう1つアドバイスをするとしたら、教える側と教わる側とで、良好な人間関係を築いておくということです。「改善点を指摘する」という、相手にとって厳しいことを言い、それをきちんと受け止めてもらうためには、**「この人に言われるなら」と相手に思われるような信頼関係が必要**になってくるからです。

# 相手のモチベーションを上げる教え方

人に何かを教える際に「改善点を指摘する」と、当然ですが相手は落ち込みます。厳しい指摘を言われたことで、今後の仕事に対するモチベーションが下がってしまうかもしれません。先ほどの「吐く・吸う・吐く」パートのように、「今後の言動」を本人が言ったとしても、その通り動いてくれるかは分かりません。もしかすると、相手も「とりあえず、ここではこう言っておかないと」という心理が働いているかもしれないからです。

そうならないよう、最後には相手のモチベーションを上げて、「よし！　やってみよう！」という気持ちにさせる必要があります。では、どうすれば相手のモチベーションを上げることができるのでしょうか。

ここでは、モチベーションが上がった状態を、「よしやろう！」と本人がやる気になり行動できる状態と定義します。これは、心理学の用語でいうと「自己効力感」が高まった状態と言えます。「自己効力感」とは、心理学者のA．バンデューラが提唱したもので、「自分ならできる！」という自信を意味します。この「自己効力感」を高めるために、私たちができることは次の4つです。

## ①達成経験のリマインド

達成経験のリマインドとは、次の例のように本人の過去の「達成経験」を思い出させることです。「前にAさんは、似たような状況で○○ができていましたよね。だから、今回も同じようなやり方でできるのではないでしょうか」。本人が過去に達成したことこそが、現在の自己効力感の土台になります。いったんは失ったかもしれない自信を取り戻してもらうことが大事です。

## ②他者事例の提示

他者事例の提示は、他の人がやったことを参考例やモデルとして見るよう提案することです。例えば「他部署のBさんは、○○というやり方でやったみたいですよ。Aさんなら、何かヒントにできるのではないでしょうか」と言ったように相手に伝えます。他者事例を提示する際の注意点は、あまりにレベルが違いすぎる相手の事例を出さないことです。「あの人は特別で、自分には無理」と感じさせてしまわないよう、注意が必要です。

### ③励まし

励ましは、「Aさんならできますよ！　大丈夫！」のように、こちらが相手を信頼していることを伝え、直接的に元気づけることです。抽象的な言葉でもいいので、感情を込めて本気でそう思っていることを伝えます。

### ④心身のケア

心身へのケアは、相手の心と身体に配慮することです。心身の状態が悪い中では、なかなか自信は取り戻せませんし、やる気も起きません。「今日は色々あって疲れたでしょうから、まずは帰ってゆっくり休んでください。少し落ち着いてから、また話しましょうか」といったように少し時間を置き、心身が整うことで本人の自信が戻ってくることがあります。

ここで紹介したような4つの方法を使って、本人の自己効力感を高め、「よしやろう！」と思ってもらえる働きかけをしましょう。

## 相手が変わるまで気長に見守る

「相手の変化を手助けする」の仕上げは、フォロー（追跡）です。

「変えてほしい言動」（ターゲット）を相手に「改善点」として筋書（シナリオ）を通して伝えたとしても、次の日から相手の言動が変わることはないでしょう。本人なりのこだわりがあったり、プライドが邪魔をしたり、あるいはそうでなくても、今まで慣れ親しんだ言動を変えていくのは困難なものです。


そこで必要になるのが、「フォロー（追跡）」です。

「今後の合意」で約束した言動をきちんと行えているのかを見ていきます。きちんとできているならば、良い点として伝えます。例えば、「Aさん、あれから報告についてきちんと実践されていますね。さすがです」といったように、その都度声を掛けるようにします。

繰り返しになりますが、大事なのは相手の言動をよく観察することです。仮に「今後の合意」で約束したことができていないとするならば、また折を見て伝えることも必要になるかもしれません。

手間はかかりますが、大人の行動はそう簡単には変わりません。私たち自身もそうでしょう。数日、数週間で変わる時もあれば、場合によっては数ヶ月あるいは数年かかってしまう時もあるでしょう。その時は、気長に見守るぐらいの覚悟も必要になってきます。


最後に、大事なことを1つ付け加えさせて下さい。相手に「変わってほしい」と思った時は、まず自分の行動を省みることも必要です。

例えば、相手に自分のことを「もっと感謝してほしい」と思った時には、まずは自分が相手に感謝してみるなど自ら態度で示すことで、信頼関係が築かれ、教わる側も受け入れやすくなります。

## まとめ

- 教えるという行為は、相手が変わらないと終わりません
- 良い点から改善点を伝えるようにしよう
- 改善点は、絞り込んで伝えるようにしよう
- 今後の改善行動を本人に言わせよう

**POINT**

変わるまで数年かかるかもしれませんが、気長に見守っていきましょう

# 第7章

# 「ウマがあわない」なんて言い訳は通用しない

お悩み

# 7

高学歴の新人が入ってきた。

教える時に見下されているような

態度が気に障る。

ガツンと言うべきなのか。

## 「この人から教わりたい」という関係性

大人相手に上手に教える際には、相手との「関係を築く」ことが重要になります。

ここでいう「関係」は、人間関係や信頼関係を指します。教わる側から見た時に**「この人から教わりたい」「この人に言われるなら仕方ない」と思われるような関係を築く**ことが必要となります。

いくら良いことを教えていたとしても、相手から見た時に「この人には言われたくない」と思われたら、素直に聞き入れてもらえなくなります。やはり教わる側としては「信頼できる人から教わりたい」と思うでしょう。教える土台は、相手との信頼関係なのです。

では、どうやって相手と関係を築いていけばよいのでしょうか。ここでは、「信頼の要素」という考え方を紹介します。

「信頼の要素」とは何かというと、相手が私たちを信頼に足る人物か判断する時に見ている要素です。

**「共通点」「姿勢」「能力」という3つの要素があります。**

## いまどきの若者にもシャッターを開けよう

信頼の要素の1つ目は、「共通点」です。

「共通点」とは、私たち教える側と教わる側との間に、何らかの同じ部分があれば、相手は私たちに親しみを覚えるということです。これは「人は、自分に似た人を好む」という様々な研究結果からも明らかにされています。

共通の趣味や知人、似たような価値観、好きな食べ物が一緒、行った旅行先が同じだったなど、何らかの似たような点が見つかれば親近感を抱かれます。そのため、教える立場になった時は、いきなり仕事の話をするのではなく、プライベートの話や雑談をして、こういう共通点を見つけるようにしていきましょう。

ただ、教える側が年長者で、教わる側が若い人といった場合、「いまどきの若い奴は分からん！」と共通点を見つけ出す努力すらせず、一方的にシャッターを下ろして、教える側が心を閉ざしてしまうようなことがよくあります。教える側と教わる側の年齢差があればあるほど、その可能性は高くなります。

こちらがシャッターを下ろしている姿は、相手にも見えます。教わる側も、「この人は自分のことを知ろうとしてくれないんだ……」と感じてしまうと、同様にシャッターを下ろしてしまい、お互いに壁を作ったままになってしまいます。**相手がシャッターを下ろさないようにするためにも、まずはこちらのシャッターを開け放すことです。こちらが自己開示することで、相手にも少し内面を開いてもらうのです。**

例えば、週末の出来事や家族ネタなど、仕事とは関係ない話をこちらからもしてみましょう。「週末、家族で温泉に行ったんだけど、結構混んでいて、逆に疲れちゃったよ。F君は、週末どこか行った？」のような感じで、自分の話から先にして、相手に話を振ることで話題が広がりやすくなります。

# 部下は上司を選べない

信頼の要素の2つ目、「姿勢」とは私たち教える側の熱意や真摯さを指します。

子が親を選べないように、部下も上司を選べません。もちろん、「上司だって部下を選べない」と言われてしまえば、その通りです。教える側だって、どんな新人が自分の元にやってくるのか、ちゃんと一人前にしてやれるのか、不安を抱えていると思います。

しかし、会社という新しい環境に1人身を投じている新人の不安や疑問は、教える側の私たちよりもずっと多いことでしょう。「この人はどのくらい真剣に自分に向き合ってくれるのか」「きちんと教えてくれるのか」「こちらの身になって考えてくれる人か」など、これらの疑問や不安に私たちは普段の言動で応えていく必要があります。

そのために、教え上手に共通する「相手本位」という姿勢を示すことが大切になります。「相手の立場に立つ」という本質を押さえた上で、相手の「学習を手助けする」ような教え方をすれば、この姿勢は満たされます。「自分本位」ではなく「相手本位」を意識してみましょう。

ここで1つポイントなのが、過保護になり過ぎず、だけど放任し過ぎないということです。あれもこれもと過剰に気にかけてしまうと、自主性が失われてしまう可能性があります。逆に、相手から自主的に動くのを待って放任していると、場合によっては抱え込んでしまって、重要な問題も見過ごしてしまう可能性があるからです。

相手が困っていたら声をかけるようにするのではなく、困った時にいつでも声をかけられる雰囲気にしておくということが大切です。

## 教える側は「値踏み」をされている

最後に「能力」は、私たちの知識・技術・経験・対応を指します。嫌な言い方ですが、**教わる側とはいえ、「この人は、自分に教えるだけの能力があるのか?」と、私たち教える側を「値踏み」しています。**その彼らの値踏みに応えられるよう、教えていく必要があります。

自分がある程度正解を持っていて教えられるなら、知識・技術は示せるでしょう。ただその時の「説明の仕方」が下手だと、「この人、知識はあっても説明が下手だよな」と、能力を疑われます。私たちは、相手に信頼される説明の仕方をきちんと身につけておく必要があります。

そのためにも、教える本質である「学習の手助けをする」を理解し、身につけておく必要があります。教え方をしっかり身につけていれば、信頼の要素である「能力」は満たされるので、自ずと信頼関係を築くことができます。

信頼関係を最初に築かないと、教えてはいけないのかというと、そんなことはありません。教えながら、失敗を重ねながら、恥ずかしい部分も見せながら、徐々に関係が深まっていくのです。

私たちは完璧ではありませんから、失敗もあって当然、教える側として立派な人物でなくても仕方ない、というくらい

信頼関係づくりの3つの要素

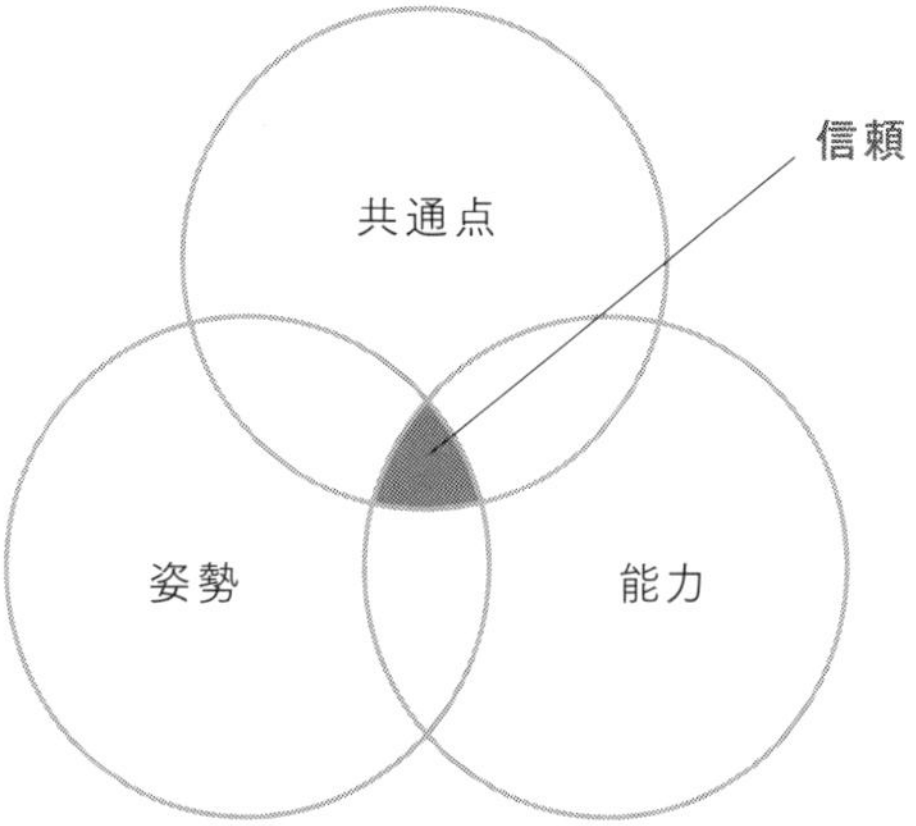

の気持ちで、教えるという行為に向き合ってみてください。「すぐに関係は築けるものではない」と考え、気長に相手と接することをおすすめします。

## まとめ

- 正しいことを教えても、「この人に言われたくない」と思われたら、元も子もない
- 相手の壁を壊すには、教える側から自己開示しよう
- 教える側は、常に教わる側から値踏みをされていることを忘れずに

**POINT**

最初から信頼関係を
築けていなくてもいいのです

# 第8章

# 「1人」ですべてを
# 教えようとしてはいけない

お悩み

# 8

技術の進歩が早過ぎてついていけないし、

専門外のことを聞かれても、

詳しくは分からない。

新人に質問されたらどうしよう。

分からないじゃあ、

示しがつかないよなあ……。

## なぜ、教え方は分かっているのに実践できないのか

ここまで読んでくださった皆さんの中には、「言っていることは分かるけど、実際にやるのが難しいんだよね」と思っている方も多いと思います。

確かに、この本を読んでくださっている多くの方は、教えることを専門的な仕事にされているわけではなく、本業の一部として教えているため、教えることだけに集中できないということが問題点として挙げられます。

大人相手に教える際に障害となる点は大きく分けて2つあります。それは、

・教える時間の確保
・教える内容の難化

です。

## 理由①教えることだけが仕事ではないから

現場で教えていて一番苦労するのが「教える時間の確保」、つまり、自分の業務との両立でしょう。教える立場の多くの人は、自分の仕事をしながら相手に教えなければいけません。要するに、**教えるための時間を、就業時間の中から捻出しなければならないのです**。この時間確保が難しく、頭を悩ませている人も多いのではないでしょうか。

本業である自分の仕事はおろそかにできないので、そちらに集中していると、つい新人を放置状態にしてしまう。逆に、会社によっては、新人に残業をさせられないので、勤務時間中は新人指導に集中していると、自分の本業に手をつけられるのは残業時間中になってしまう。なんてこともあるでしょう。

あるいは、自分は会議や出張で不在にしていて、物理的に新人と会う機会を作れない。サービス業では、お客様と接している時に新人に指導したい瞬間があったとしても、お客様の目が届くところでは指導できません。仕方ないので、後で指導しようと思っていても、忙しさにかまけて忘れてしまった。なんて話もよく耳にします。

挙げ句の果てには、指導する時間がきちんと取れなかったがために、教える側が自ら新人の仕事を請け負って、自分の仕事を増やしてしまっている場合もあります。仕事であれば締め切りを守ることも、迅速に対応することも大切ですが、教える側が新人の仕事をしてしまっては、一向に新人は成長しません。また、目の前の問題を解決しているだけで、問題の原因を解決できているわけではないので、同じことを繰り返してしまうでしょう。

教える時間が確保できなければ、新人がいつまで経っても独り立ちしないだけでなく、自分を苦しめ続けることになってしまうので、いち早くこの問題を解決する必要があります。

## 理由②教える内容が専門的で対応できないから

教える内容が高度化、複雑化、専門化し、教える側も正解が分からないという場合もあります。例えばＩＴ業界など、変化が激しい世界では、古くから会社にいる先輩よりも、新しく入ってきた人の方が、最先端の知識・技術を持っているため、答えを知っているということがあります。

小売業などでは、新商品が次から次へと発売され、教える側の自分でさえ把握できていない商品があったり、商品の情報を取り違えて覚えてしまい、誤った情報のまま教えてしまったりということもあります。

また、所属チームや部署が違う新人の面倒を見なければいけない時は、教える側と教わる側とでやっている仕事内容が違うので、業務を教えられないという場合もあります。社会人の先輩として、マナーなど基本的なことは教えられるけど、専門的な業務部分についてはお手上げ状態になってしまうのです。

中でも一番厄介なのは、部署や仕事内容が同じだったとしても、これが絶対に正解だと自信をもって言い切れないことです。昔は上手くいっていたけれど、お客様も社会環境も変わってきた中で、今の時代、どうやればいいのか、自分もよく分からないといった場合です。そんな状態で「先輩だから教えてやってください」と言われても、何をどう教えればよいか皆目見当もつきません。

学校で教える先生のように、教科書のような教材があって、教える内容が決まっていればいいのですが、残念ながら大人相手の教え方にそういった教材は存在しません。刻々と変化する時代に合わせて、その時、その問題にあった答えを用意しなければならないので、教える側も必死です。

## 1人で全部抱え込まない

教える難しさの2つである「時間と内容」への対策は、「周囲を巻き込む」ことで解決していきます。自分だけでは頭も体も1つしかないので、1人で抱え込むのではなく、他の人の助けを借りて、足りない部分を補うのです。

まず、私たちが苦労する「業務と教育の両立」に対しては、周囲を巻き込むことで、上手くバランスを取ります。私たちが仕事に集中したい時や、会議・出張で不在の時は、思い切って他の人に新人指導を頼んでしまうのです。

また、高度化、複雑化、専門化し、私たち1人では教えきれない仕事の内容についても、他の人の助けを借りることで乗り切ります。私たちよりもその内容に詳しい人に、新人指導をしてもらうのです。「餅は餅屋」という言葉があるように、その分野に強い人に任せてしまいます。

つまり、**大人相手に教える時は、「1人で教える」必要はなく、「複数で教える」という手段が有効**です。この「周囲を巻き込む」というのが、時間、内容といった面で教える難しさに苦労する私たちが実践できる、現実的な解決策となります。

私たち教える側も正解が分からない場合は、教える相手と一緒に考えていくか、あるいは正解を持っているかも知れない「他の人」の力を借りるしかありません。全部自分1人で教える必要はなく、他のメンバーからも教わる機会を作るのです。

では、どうすれば「周囲を巻き込む」ことができるのでしょうか。「簡単に言うけど、周りの人の協力を得るのは大変」「他の人も忙しいから、お願いしにくい」「そもそも自分が教える役を任命されているのに、他の人に教育係をお願いしてしまうと、責任放棄しているように見られるかも」と悩まれてしまう方もいるかもしれません。

ここでは、そのためにやってみてほしい「人材マップの作成」「周囲への協力依頼」の2つを紹介します。

## 職場の見える化
## 「人脈マップ」を作ろう

まず、私たちの周囲にどんな人がいて、その人たちに新人指導をお願いできるとしたら、どのように手伝ってもらえるのかを整理するために、「人脈マップ」という形で描き出してみます。

「人脈マップ」には、皆さんの周囲にいて、新人指導に関わってもらえそうな人たちの「名前」と「強み」を書き出します。例えば、

- Aさん…資料作成に詳しい
- Bさん…交渉が上手い

などです。「強み」はより具体的に書き出し、新人がその「人脈マップ」を見た時に、

誰が何に詳しいのかがぱっと見て分かるように書くことが重要です。

経営学の「組織記憶」という研究領域でも「Who knows what（誰が何を知っているか）」が重要であるとしています。**知りたい情報を誰が持っているのかを、教える側が「知っている」ことが、組織を成り立たせる上で大事**だということです。

職場に入ってきたばかりの新人が困ることの1つに「誰が何に詳しいのか分からない」があります。誰に何を訊いたらいいのか分からなければ、指導者である

人脈マップの例

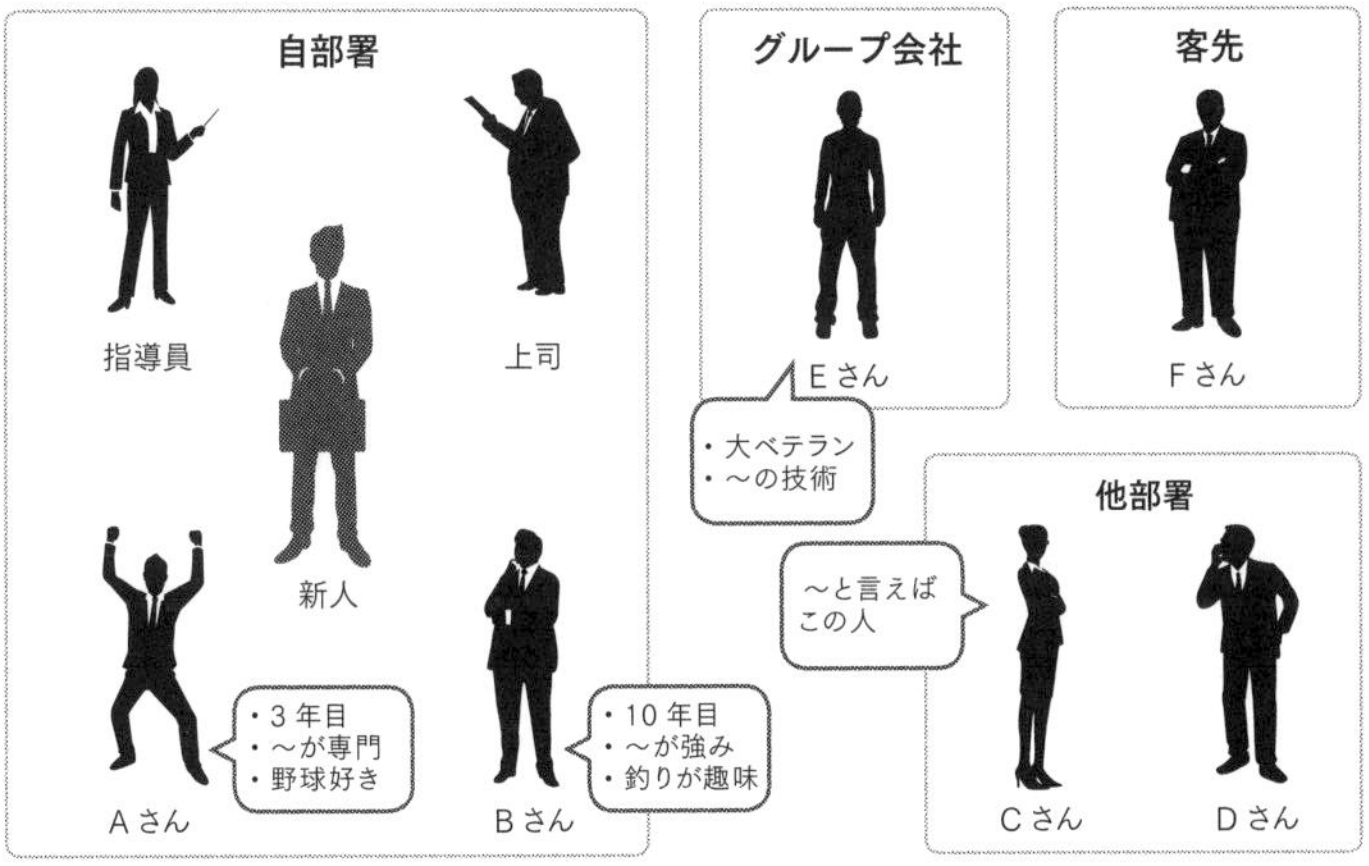

私たちに訊くしかないと判断し、誰でも分かるような内容を訊いたり、見当違いな質問を投げかけたりしてしまいます。

訊ける相手が限定されてしまうことにより、自然と私たちに質問してくることが多くなってしまうのですが、私たちも常に面倒を見られるわけではありません。忙しく、相手をしていられない時もあります。また、何度も同じことを訊いてきたりしてウンザリすることもあるでしょう。

月に数回しか書かない書類の書き方を訊かれたり、たまにしか使用しない申請書類の場所を訊かれたり、質問自体の内容は簡単でも、その度に仕事の手を止めなければいけないので、効率が悪くなってしまいます。

でも、それも仕方ないのです。彼らが他の人に訊ける環境を教える側が作ってあげなければ、誰にも訊けず自分で抱え込むという状態になってしまいます。

だからこそ、**「人脈マップ」という形で、人脈の「見える化」をしてあげましょう**。

これがあることで、新人が「資料作成については、Ａさんに訊くようにしよう」と、自ら他の人に質問しやすくなります。

もし余力があれば、この「人脈マップ」にその人たちの「趣味」や「好きなもの」、そして「話を振ると喜んでくれる話題」なども書き入れておくと良いでしょう。なぜなら、それが雑談や会話のきっかけになるからです。実は、若い新人が困ることの1つが、「年上の人と雑談できない」という点です。

仕事のことなら何とか話せるけど、それ以外何を話題にしてよいのか分からないから、話しかけにくいという状況を生み出しています。そこで、趣味やプライベートの情報が少しでもあると、話のきっかけを作りやすくなり、いざという時に訊ける相手を増やすことができます。

一度作ってしまえば、新人だけでなく他の会社のメンバーにも使ってもらえるものになるので、まずは頑張って作ってみてください。

# 新人を受け入れる体制を整える

「人脈マップ」ができたら、描いた人たちに対して新人指導を手伝ってもらえるよう「協力依頼」をしていきます。これは、新人が職場に配属される前にできていると、受け入れ体制を整えるという意味でとても望ましいです。

協力依頼をする時は、相手の強みを「貸してもらう」というような気持ちで行います。「Bさんの強みである交渉に関して、新人に教えてやってください」といった感じです。

そうは言っても、**同僚や自分より先輩になる人に協力依頼をするのは難しい**と感じる方もいるでしょう。そんな時こそ、**「上司」の力を借ります**。

新人を教える担当として、自分の責任は果たすことをきちんと明言した上で、周囲も絡めた指導を上司に合意してもらうのです。「私がメインで指導しますが、資料作成に関してはAさん、交渉についてはBさんの力を借りようと思っています。C課長からもAさん、Bさんに軽く伝えてもらえませんか？」といった形での根回しをしておいてもらいます。

あるいは、新人が配属された時、たいていの場合、皆の前で上司が新人を紹介することがあると思いますが、その時にメインの指導担当はあなただとしても、他の人も協力してもらえるよう一言言ってもらいます。例えば、「C君がメインの指導担当だけど、他のメンバーも協力してやってください」のような一言でかまいません。その言葉を上手く引用しながら、他のメンバーの協力を得ていきましょう。

もちろん、周囲の人たちの協力を得るためには、「関係を築く」で紹介したように、私たち自身が同僚たちと良い関係を築いておく必要があります。「あいつのお願いだったら仕方ないな」と思われる関係性を築いておきましょう。

## 複数で教える時は過負荷に気をつけよう

「人脈マップ」は、私たち教える立場が苦労する「時間」「内容」に対する助け舟となってくれます。しかし、周囲の色々な人が絡むことで、別の問題も起こるようになります。それが「過負荷」と「混乱」という状態です。

私たちが1人で教えているならば、基本的に新人が行う仕事は、私たちが頼んだ仕事のみになります。そのため、私たちの目が届かないと放置状態になり、何もすることがない手持ち無沙汰な状態になってしまうことはすでに触れました。

そこで周囲を巻き込み、他の職場メンバーからも仕事を出してもらって、手持ち無沙汰にならないようにします。この時に「過負荷」状態になりやすいのです。色々な人から仕事の依頼があり、新人がその仕事を捌ききれなくなってしまうのです。

周りも良かれと思って仕事を出してくれますが、新人の立場では先輩からもらった仕事を「できません」とは断りづらく、つい「やってみます」と受けてしまいがちです。仕事の量が増えてくると、どれから片付けるかという優先順位が必要になりますが、仕事に慣れていない新人の場合、優先順位の付け方が分からず、結局納期に間に合わないという事態に陥りやすいのです。

このような「過負荷」状態を防ぐために、私たちができることは「業務把握」と「交通整理」です。

まず、新人が誰からどんな仕事を受けているのかを把握するよう努めます。**朝や夕方に、新人とのミーティング、メールでのやり取りなどを通して、「今日どんな仕事をするのか」「明日の予定は何か」と確認する**ようにします。業務内容をきちんと把握するために必要なポイントは以下の通りです。

- 今日終わった仕事と残ってしまった仕事
- 今日頼まれた新しい仕事

・**各仕事の締め切り**
・**明日の仕事の計画**

ただし、1つずつ丁寧に聞いていると、報告する側も報告される側も大変なので、報告する内容のポイントだけを伝えて、簡潔に連絡するようにします。

次に、周囲からの仕事を「交通整理」します。新人の業務状況によっては、これ以上仕事を受けても対応できないこともあるでしょう。そんな時は新人からは断りづらいので、**指導役の私たちから仕事の依頼主に対して、「すみません。今、新人の仕事量が増え過ぎているので、その仕事を受けるのは勘弁させてもらえませんか」と伝える**のです。

新人の業務把握を怠ったことが原因で、仕事を受けてから日が経った後に、「ごめんなさい。やっぱり新人では受けられません」と断ったら、協力してくれた周囲にも迷惑をかけてしまいます。周囲に「協力依頼」するからには、「業務把握」と「交通整理」は忘れずに行うようにしてください。

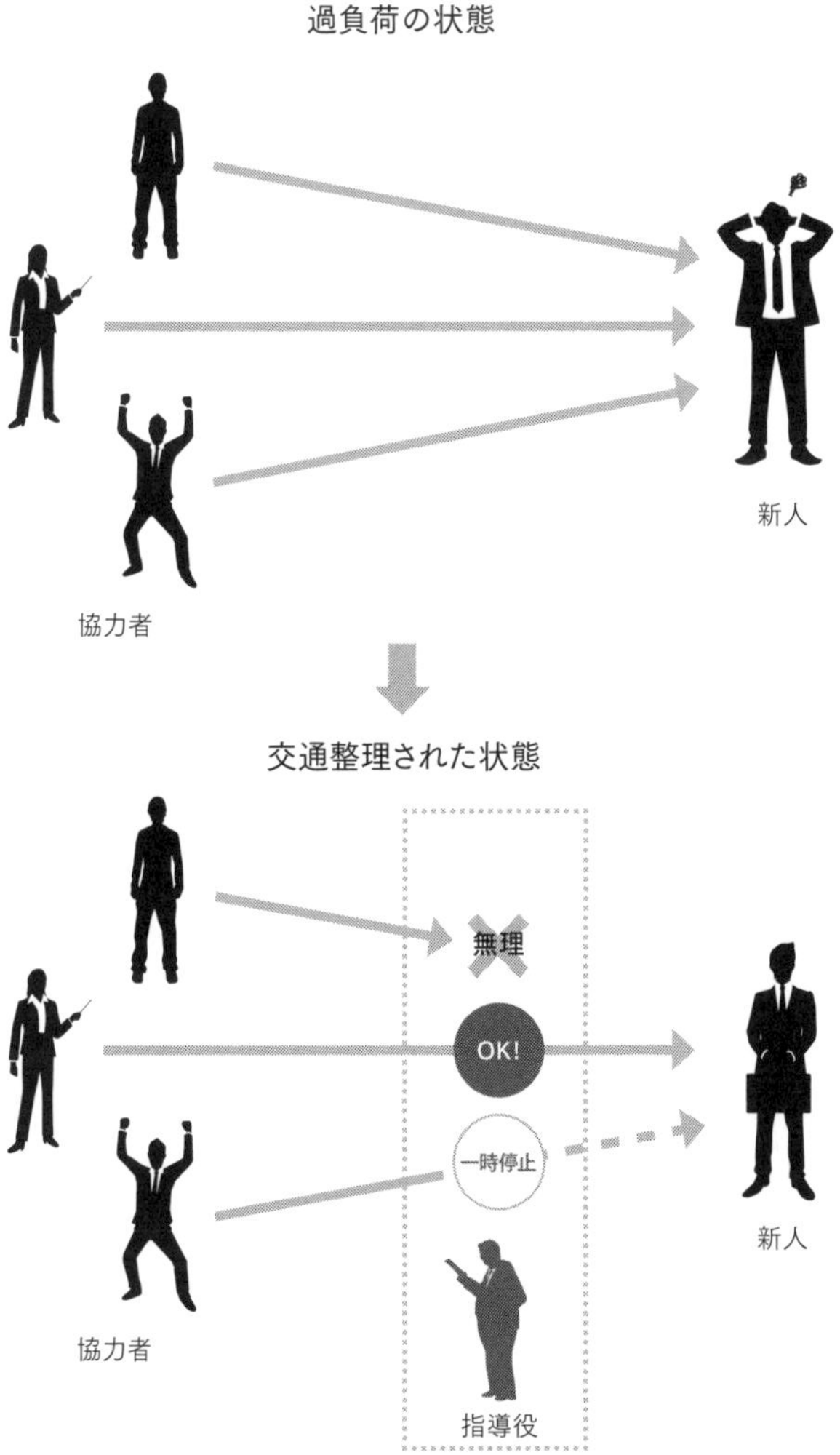
過負荷の状態
新人
協力者
交通整理された状態
無理
OK!
一時停止
新人
協力者
指導役

## 道のりはバラバラでも目的地は同じにする

「1人で教えず、複数で教える」ことで起こり得る問題は「混乱」です。

あなたが1人で教えるならば、新人が「言うことを聞くべき相手」はあなただけになりますが、色々な人が指導に絡んでくると、人によって言うことが違ってきます。例えば、Aさんは「この資料は作成しなくてよい」と言うのに対し、Bさんは「作成してください」と言ったとしたら、新人は「いったい、どっちの言っていることが正しいのか」と「混乱」します。

この「混乱」を防ぐためには、**私たち教える側と協力依頼をする周囲のメンバーとの間で「目標の共有」**が必要になります。新人にどうなってほしいのか、**数ヶ月後の到達状況は何かということを合意しておく**のです。

「教える目的」は「現状と目標の差」を埋めることなので、新人指導に絡んでもらう他のメンバーにも「目標＝望ましい状態」が何かを知っておいてもらう必要があります。それが分からなければ、新人をどこに連れて行っていいのかも分からないからです。

おおまかに目標が合意できたなら、そこに至らせる方法は色々なやり方があるので、それは教える人にゆだねます。そのほうが、１つのやり方だけでなく、他のやり方も学ぶ機会になるからです。

例えば、目標が「今月中に売上金額、

やり方はそれぞれだが、ゴールは同じ

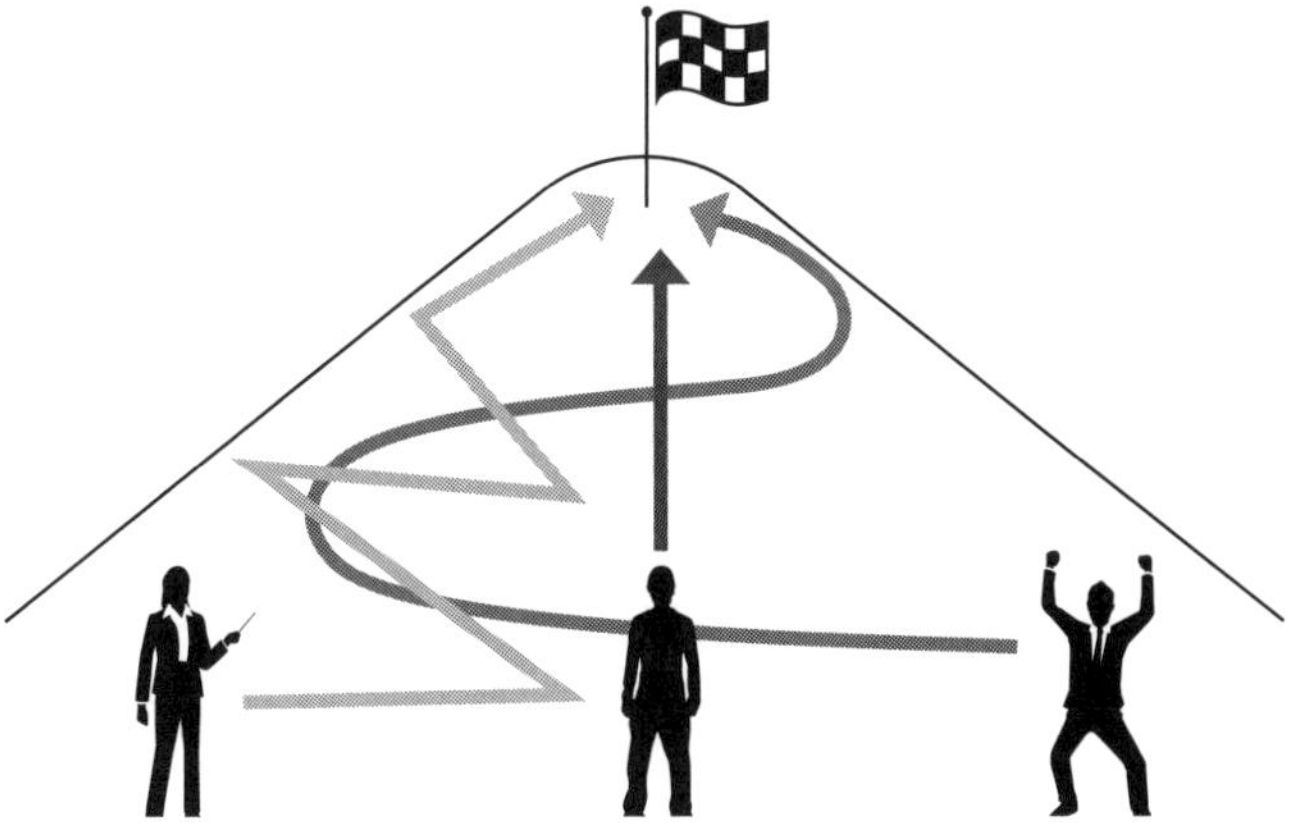

50万を達成させる」だとしたら、次の3つのやり方があります。

・Aさんの営業指導

最初から高額な取引は難しいと考え、定期的に売れる1万円の商品を50個売る

・Bさんの営業指導

高額だが、最近の売れ筋なので売りやすいと考え、25万円の商品を2個売る

・Cさんの営業指導

売れ筋商品である25万円の商品を1個と、定期的に売れる1万円の商品を25個売る

ただ、人によって教える内容ややり方が違うと、やはり新人は混乱するので、例えば「Bさんぐらいの経験を積むとあのやり方もできるけど、新人のあなたはあと1年は基本的なやり方を続けてもらうから」などフォローはしてあげてください。

## 周囲を巻き込んでいくとすべてがうまくいく

さて、ここまでは「1人で教えず、複数で教える」という、私たち教える側の苦労である「時間」と「内容」の解決策について考えてきました。これらは、私たち教える側にとってのメリットであると言えます。周囲を巻き込むことで、私たちの負担が減るからです。

では、教わる側にとっては、色々な人が教えてくれることでどんなメリットがあるのでしょうか。

まず、「訊ける相手が増える」という点があります。私たちだけにしか質問できなかったのが、他のメンバーにも質問できるようになります。「職場インタビュー」や「人脈マップ」による効果と言えるでしょう。私たちが不在の時、これまでは分からないことがあっても抱え込むことしかできなかったかもしれませんが、訊ける相手が増えたことでその心配もなくなるでしょう。

そして、「手持ち無沙汰が減る」ことになります。前述した「過負荷」には注意しなければいけませんが、他の人からも仕事をもらえることで、新人のやることが増えます。仕事内容によっては、やり遂げたという達成感も味わうことができ、組織になじむために必要な「適度な自信」づくりにもつながるでしょう。

さらに**「複数の成功パターンから学べる」というメリットもあります**。私たちしか教えていないとすれば、私たちのやり方、成功パターンしか教われないことになります。私たち以外の周囲のメンバーにも指導に絡んでもらうことで、他の人の成功パターンからも学ぶことができるようになるのです。新人の持ちネタ、レパートリーが増えることにもつながります。

筆者が立教大学中原研究室で行った別の調査でも、現場で新人に仕事を教える指導員による周囲の「協力」を求める行動が、新人の「能力向上」につながっていることが明らかになりました。
もしかしたら、私たちのやり方よりも他の人のやり方のほうが、新人に合うこともあるかもしれません。ちょっと悔しい気持ちもしますが、新人が色々なやり方から学ぶ機会を作ってあげられたと思うことにしましょう。

実際、私たちも今のレベルに到達するまでに、たった1人の指導者からしか教わってきていないのかというと、そんなことはありません。最初に教えてくれた先輩や上司も大事な存在だったでしょうが、それ以外の多くの方々から学び、今の私たちがあると言えるでしょう。他の先輩、他部署の方、外部の方、お客様、自分の後輩など、たった1人の指導者からではなく、関わった多くの人たちから学んできているのです。
それは、新人も一緒です。彼らにとってみれば、私たちの存在も大きいかもしれませんが、他の人たちからも多くを学んでいくことでしょう。

特に避けたいのは、特定の人だけで新人指導を独占し、他の人が関われないような状態を作ることです。新人をカプセルに閉じ込めて、他の人との接点がないようにしてしまうことは避けましょう。そんなことをしてしまったら、「メインの指導者はDさんなんだから、自分たちが余計なことを言わないようにしよう」と、周囲も私たちに遠慮してしまいます。

だからこそ、こちらから「協力依頼」をして、周囲を巻き込んでいくのです。それが新人、教える側、そして周囲にとっても良い状態につながっていきます。

1人の上司だけから、教えてもらっているわけではない

# 教える側も正解が分からない時がある

もう1つ、「内容」について教える側が困ることがあります。それは、教える「内容」が高度すぎて、理解の範囲を超えてしまっている時です。情報社会と呼ばれる現代では、変化の流れが速く、3ヶ月前の情報がすでに古い情報として扱われることなんて当たり前のようにあります。

教える立場としては、教える内容をきちんと把握し、伝えることが必要となりますが、それが本当に正しいのかが分からなかった場合、どうすればいいのでしょうか。その方法を、この章の最後にお伝えしたいと思います。

まず、教える内容の「正解」が分かっている場合について見ていきましょう。この時の「教える」という行為は、一般的に「導管」モデルが成り立っています。教える側がたくさんの知識、技術を持っていて、それらを教わる側に流し込むというイメージです。

私たちが学校教育でイメージするのが、この「導管」モデルではないでしょうか。先生たち（教える側）が知識・技術を持っていて、生徒たち（教わる側）はそれを受け取ります。もちろん、学び始めの時は、ある程度の知識・技術の流し込みは必要かもしれません。

ただ、この「導管」モデルの前提は、

導管モデル

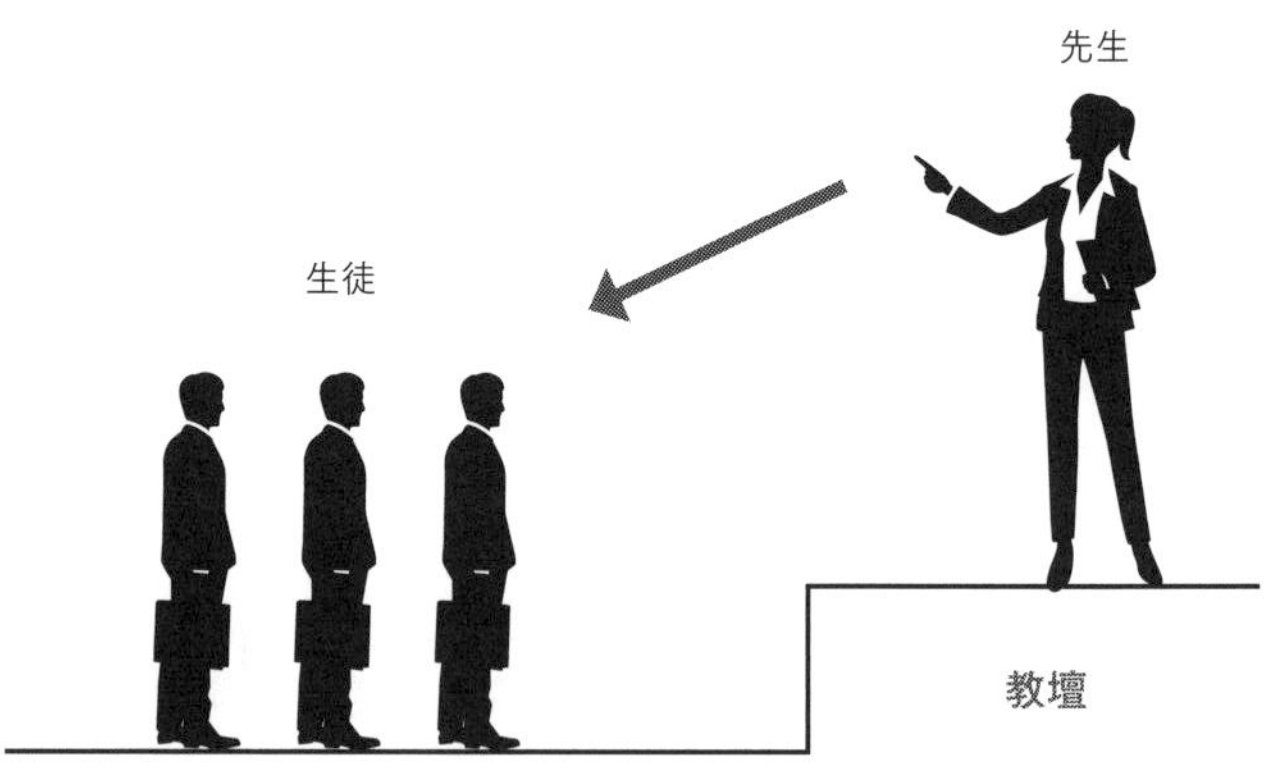

教える側の持っている知識・技術が「正解」で、それを知らない人に伝えるという考え方です。成人教育学者のマルカム・ノールズが、「教育を知識伝達のプロセスとして定義することは、主要な文化的変化のタイムスパン（時間）が人間のライフスパン（人生）よりも長い時のみに妥当である」と述べています。人間が生きている間に、どんどん社会が変化していくなら、伝達される知識もすぐに陳腐化するということを言っています。

つまり、情報社会と呼ばれる現代では、「導管」モデルだけでは対応できなくなっていると言えます。

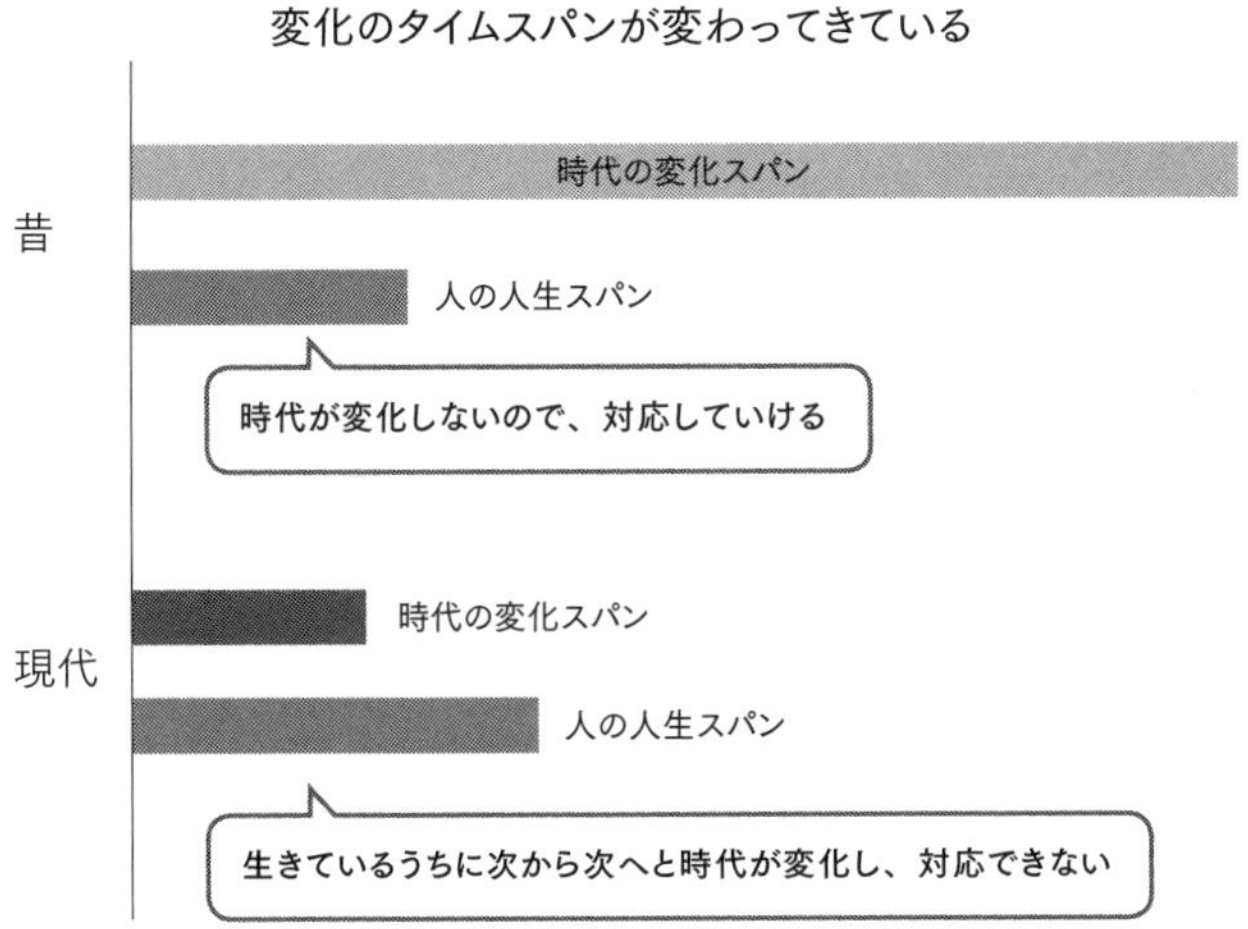
変化のタイムスパンが変わってきている
昔
時代の変化スパン
人の人生スパン
時代が変化しないので、対応していける
現代
時代の変化スパン
人の人生スパン
生きているうちに次から次へと時代が変化し、対応できない

## 正解が分からない時の教え方

そこで1つのヒントを与えてくれるのが「対話モデル」です。教える側も正解が分からないのであれば、教わる側と一緒に「対話」しながら、共に正解を考え出すようなやり方です。

なかには「教える側も正解が分からないのなら、結局、正解にたどり着けないのでは」という疑問を持つ人もいるでしょう。確かに、正解を知っていたほうが楽ですし、仮に正解が分からなければ、自分よりも知識・技術も足りない相手と話していても、らちがあかないかもしれません。

しかし、2つの効果は見込めます。

1つは、知識・技術が不足している相手だからこそ、凝り固まっていない新鮮なアイデアが生まれ、教える側にヒントを与えてくれるということです。もう1つは、対話することで、「～が正解ということでやってみよう」と**お互いの合意を経た上での「納得解」が得られる**ということです。

何が絶対の正解かは分からないけど、教える側と教わる側で「自分たちにとってはこれが正解だ」という納得解を得ることが、問題解決の糸口につながるかもしれません。

「教える立場なのに、相手に相談する

対話モデル

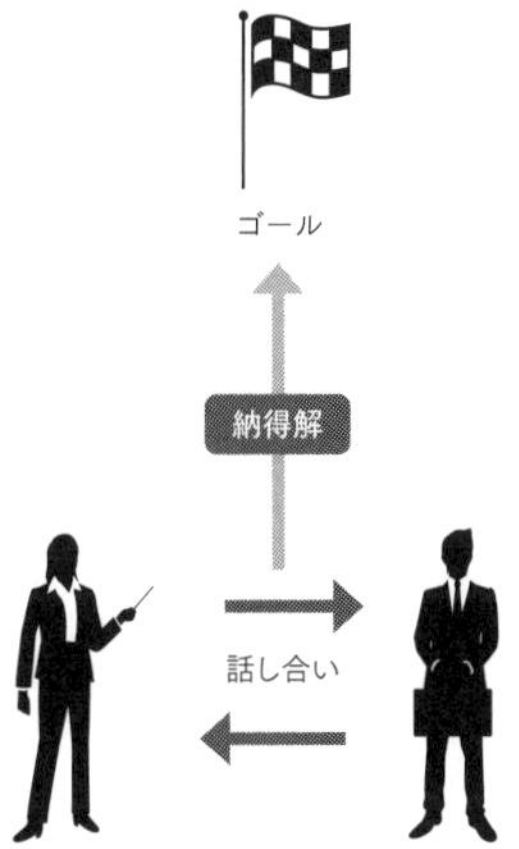

なんてできない」と思う人もいるかもしれませんが、分からないものは分からないとはっきり伝え、「分からないから解決方法を一緒に考えてもらいたい」と素直に頼ることも、教える立場として大事な要素です。

また、「協力し合う勉強」によってチームで1つの目的を達成する喜びは格別です。私自身にもこうした体験がありますが、当時経験した感動は今も私の中に残っています。自ら体験して獲得するスキルは、教えられる知識以上に、ビジネスの現場で活かせる問題解決力となってくれるのです。

今後、より複雑化していく世の中の教育現場でも、一緒に答えを見つけ出していくという対話モデルが一般的な教育方法となっていくでしょう。

対話モデル例

今月、A商品の売上が下がっているんだけど、理由が分からなくて困っているんだよね。あなたは、何が原因だと思う？

A商品にクレームがあったのではないでしょうか？

私もそう思って調べてみたけど、クレームはなかったみたい

そしたら、競合他社のB商品の影響は考えられないですかね？

どうしてそう思うの？

広告見ながら、『B商品買おうか悩んでる』って話をしている人を、この間、電車で見ました

B商品の電車広告が影響している可能性が高いかもしれないね

＝

納得解

## まとめ

- 1人で教えるのではなく、積極的に複数で教えよう
- 周囲を巻き込む（人脈マップをつくろう）
- 過負荷と混乱を防ぐ、交通整理を忘れずに

POINT

答えが分からなければ、
教わる側と一緒に考えてみよう

# 第9章

# 教えたことはムダにならない

お悩み

# 9

明日までに

書類を提出しなければいけないので、

新人に教えている時間が

もったいない。

今回は自分でやってしまおうかな……。

# 教えることで得られる4つのメリット

教わる側はもちろん、私たち教える側の意欲も上がったり下がったりします。教えている新人の頑張りや成長が見えた時、周囲から褒められた時などは、「教えて良かった」と感じる瞬間もあるでしょうが、それが続くとは限りません。

業務と教育の両立に苦労し、教えている相手とのやり取りに疲れ、教えることへの意欲が下がることのほうが多いかもしれません。「何でこんなに大変な思いをしなくちゃならないんだ。これなら自分でやったほうが早いし、確実に仕事をこなせる。人に教えるなんてもう嫌だ！」と投げ出したくなる時もあるでしょう。

教える難しさは、私たち自身の意欲の中にもあるのです。

しかし、「教える」ことが相手だけにプラスになっているとは限りません。様々な苦労を抱えながらも、私たちが教えることで得るメリットもあります。

教える側のメリットは、大きく分けて４つあると考えられます。１つずつ見ていきましょう。

## メリット①初心に帰れる

教えることを通じて、私たちは「初心に帰る」ことができます。まだ会社になじんでいない、会社の色に染まっていない新人と接するうちに、「そういえば、自分も昔はそうだったな」と自分の初心を思い出して、振り返るようになるのです。

同じようなことの繰り返しが続くと、人はどうしてもその環境や物事に慣れてしまいます。慣れることによって、仕事の効率が上がるという良い面ももちろんあるのですが、反対に手を抜いている部分やいい加減になっているところも出てきてしまいます。特に新人指導は、慣れる前の自分を振り返るきっかけになります。「こういうところを新人に見られるとまずいだろう」など、自分を律する機会にもなるのです。

さらに、この「自分を律する」という点が、教える側の「意欲向上」にもつながってきます。「自分も先輩としてしっかりしなければ」「新人に下手な所は見せられない」と、人に教えることを通して仕事に意欲的に取り組むきっかけになるのです。

教える立場に立った人の多くは、その任務を重く感じます。また、あまりいい表現ではありませんが、「面倒な仕事を任された……」と会社や自分の上司を恨めしく思うこともあるでしょう。

しかし、ちょっと視点を変えてみれば、いい面も見えてきます。人に教える立場を会社から任されたということは、それだけ会社に認められているということでもあります。「この人だったら、新人を育ててくれるだろう」という会社側の期待もあって、私たちを教える役として選んでくれているわけです。そう思えば、会社からの期待に応えるために、「ひと肌脱がないと！」と私たちの意欲を高めるきっかけにもなります。

筆者も社会人3年目の時に、人に教える立場につけてもらいました。その時は、これまで自分のやってきたことが会社に認められたようで嬉しかったですし、新人の見本になれるよう頑張ろうと意欲を新たにしました。正直、2年間同じような仕事を続けてきて、少しマンネリ化してきていたので、気持ちを新たにする意味でも良い機会になりました。「会社もよく見てくれているんだな」と思ったことを思い出します。

実際に新人を預かり、彼らの成長が少しでも見えると、その喜びは格別でした。自分がやって褒められるよりも、自分が教えた人ができるようになったり、他の人から褒められたりする様子を見るほうが嬉しいものです。人に教えるということは、それだけの苦労を抱え込むことになりますが、それ以上の喜びも共にあるものなのです。

## メリット②人脈が増え、視野が広がる

教えることで私たちの人脈が増え、視野も広がります。

まず、前章で見た「1人で教えず、複数で教える」行動が、私たち自身の「人脈拡大」につながります。新人指導を手伝ってもらうという理由で、自部署だけでなく他部署の多くの方々と接する機会が作れるのです。また、自分も分からなかったことを「新人に教えてやってくださいよ」と言いながら、一緒に学ぶことができます。

仕事が高度化、複雑化、専門化すると、それぞれの仕事は「タコつぼ化」しやすくなります。他の人がどんな仕事をしているのか、見えにくくなってしまうのです。ただでさえ、自分と同じ課の社員がどんな仕事をしているのか分からないのに、他部署の社員の仕事となれば、ほとんど分からないでしょう。そんな中、自分だけの力では

横のつながりが作りにくいところを、新人の力を借りて拡げていくのです。当然ですが、社内での人脈が拡がれば拡がるほど、その後の仕事がしやすくなります。他部署への依頼もスムーズになり、人を通じて入ってくる情報も増えてくるでしょう。

さらに、「人脈拡大」が次のメリット「視野拡大」を促してくれます。これは人に教えることで、私たちのものの見方が拡がるということです。新人指導を通じて人脈が拡がれば、それだけ多くの人のものの見方を知る機会につながります。「自分はこうやってきたけど、こんなやり方もあるんだ」と、他の人のやり方から学ぶ機会にもなるでしょう。

人に教える立場になるということは、それなりの成功パターンを持って仕事を進めてきた人であることが多いでしょう。ある程度の実力があるからこそ、後輩をつけたいと思われるわけです。ただ、その成功パターンで上手くやってきたからこそ、時にはそのやり方にこだわってしまい、新しいやり方を試す機会も作ってこなかったという場合もあるでしょう。それが、新人に教えるという機会を通じて、他のやり方を知り、試すきっかけにつながるかもしれません。

また、会社に染まっていない新人の新鮮な目線による質問や意見も、私たちの視野を拡げることにつながります。会社に染まり、当たり前だと思ってしまっていたことを、「そういえば、なんでだろう？」と改めて考えることで、これまで見えなかったことが見えてくるかもしれません。凝り固まっていた私たちの頭をほぐすためにも、新人と接することは効果的なのです。

## メリット③分かりやすく伝えるスキルが身につく

教えることで相手に分かりやすく伝えるスキルが身につきます。なぜそうなるのかを「知識整理」「説明力向上」の観点から述べます。

まず、「知識整理」です。他人に教えることで、私たち自身の知識が整理されます。今まで覚えてきたたくさんの知識や技術、重ねてきた経験を、いったん棚卸する機会につながります。特に、新人から「これって何のためにやるんですか？」「なぜ、こういうやり方をするんですか？」など、「Why（なぜ）」に関する質問をされることで、私たち自身も「あれ、そういえばなぜだったっけ？」と考えるきっかけを与えられます。

この「Why（なぜ）」を考える過程を通じて、「これには、こういう理由があったのか！」と私たち自身が納得したり、「AとBには、こうした関係があるのかもしれない」とつながりが見えてきたりします。他人に教えることで、私たち自身の頭の中が整理されるようになるのです。

あまり聞いたことがないかもしれませんが、「成長の4段階」という理論に、「無自覚の有能」と「自覚せる有能」という考え方があります。実際、行動として起こすことはできるけど、行動の「理由」まで説明できないのが「無自覚の有能」です。これは教え下手によくあるタイプです。「よく分からないけど、とりあえずこうだから」といった説明をします。教える側自身、なぜその行動をしなければならないのか理由が分かっていないので、教わる側も納得感が低く、再現性も低くなりがちです。

それに対して、行動に移せて、しかもその行動の「理由」まで説明できるのが「自覚せる有能」です。教え上手な人は、この「自覚せる有能」の方が多いです。難しいと言われている仕事でもなぜ上手くこなせるのか、理由が分かっているので、外してはいけないポイントを意図的に繰り返したり、そのポイントを人に分かりやすく指導したりすることができるのです。

上記の話を聞いて、自分は「無自覚の有能」タイプだから、教える立場には向いてないのだと落ち込む必要はありません。意識的に「Why（なぜ）」を考えることで、これまで「無自覚の有能」だった人たちが、「自覚せる有能」に変わっていく可能性はあるからです。

次に、「説明力向上」です。人に教えることで、私たちの説明する力が伸びます。仕事に慣れると、ついつい専門用語、カタカナ言葉、三文字アルファベット（例：CRM、SFA）を使いがちです。ただ、そういう言葉はまだその世界に「参加」途中の新人には通じません。会社で常識とされていることや「言わなくても分かるだろう」のような部分も、きちんと言葉で説明することが必要になるのです。

これは、特に外国籍の方々を教える際に重要なことです。「ちゃんと言わないと伝わらない」と考え、何とか言葉を尽くして説明する場面が教えていると増えてきます。

「どうして伝わらないのか？」「こう言ったほうが伝わるかも」と、苦労したり試行錯誤したりすることで、私たちの説明力が高まっていくのです。

筆者が前出の立教大学中原研究室と行った調査では、新人を教える立場になることで「他人に分かりやすく説明しようとする意識」が高まっていることが明らかになりました。教える立場になる「前」と「後」で、数字的な差が出たのです。

この「説明力」は、「目標咀嚼力」（目標をかみ砕いて伝える力）にも関係してきます。伝えたいことがあっても、伝え方が悪ければ、言葉の威力は半減してしまいます。説明力を身につけるということは、いずれもっと多くの人を相手に指示しなければならない立場になった時に求められる力を伸ばす機会につながっていくのです。

## メリット④マネジメント力が高まる

教えることで得られる4つ目のメリットが「マネジメント力が高まる」です。マネジメントと言っても色々あると思いますが、ここでは「時間」「課題」「感情」のマネジメント（管理）という観点で見ていきます。

まず、人に教えることで「時間管理力」が高まります。本書でも取り上げましたが、人に教える立場になった時に苦労することの1つに、「業務との両立」があります。限られた時間の中で、いかに自分の仕事と新人指導の両立を図るか。この取り組みをしていく中で、私たちの時間管理力が磨かれていくのです。

また「課題管理力」も高まります。これまでは自分のやること（課題）だけ考えていればよかったところから、教える立場になった途端、新人に与える仕事（課題）も考えなくてはならなくなります。新人のレベル（度合）に合わせて、どの程度の仕事を与えるかを考えることは、のちにマネージャーになって、部下に仕事を割り振る際の訓練にもつながります。

そして、「感情管理力」です。人間相手に教えているのですから、イライラしたり、ムカっときたりして、怒鳴りたくなる時もあるでしょう。ただでさえ仕事で大変な中、他人の面倒なんか見ていられない、と投げ出したくなる時もあるでしょう。

自分の仕事だけしていれば、それほど大きな感情の揺れに向き合うことはないかもしれません。しかし、自分よりできない人、自分とは違う人と接していると、思い通りにいかない苦痛に苛まれることも出てきます。

そういう感情に見舞われた時、どう対処すればよいか、自分の感情に向き合う機会となるのが、教える立場になった時なのです。この経験は、マネージャーになってより多数の部下の面倒を見なくてはいけなくなった時に大きな糧となります。

最後に、4つのメリットのすべてに当てはまることですが、集団を管理するスキルは「小規模→中規模→大規模」と積み上げ式に学習するほうが適しているといわれます。これはプロジェクトマネージャーを対象にした調査で、北海道大学の松尾睦《まこと》教授が述べていることです。いきなり大人数を管理するのではなく、少人数から徐々に人数を増やしていくほうがより早く成長できるのです。

## 新しい未来をつくる

「教えるとは、未来をつくること」である、と私は考えています。

私たちは、教える＝相手の「学習（獲得・参加・変化）を手助けする」ことで、**相手の可能性を広げ、未来をつくっていく手伝いをしている**のです。教わったことでその人の知識・技術が増え、新しい環境になじみ、望ましい行動に変わっていくとしたら、それは教える側として本当に嬉しいことではないでしょうか。何かで人の役に立つということを実感できるのが、教えるという行為なのです。

私たちが教えた人がその先、他の人を教えてくれるようになったとしたら、そして、その時に私たちが教えた内容が少しでも活かされているとしたら、こんなに嬉しいことはないでしょう。

実際、教える立場になった人たちに話を聞くと、こんな言葉が出てきます。「自分も教わってきたから、今度はそのお返しに」という「恩返し」の言葉です。メンタリングという研究領域では、教わる立場であった人が、教える立場になり次世代を育てていくという「正の連鎖」ができることこそが、教えることの究極の成果であると言われています。

私たち1人ひとりの力は小さいかもしれませんが、教えるという行為に真摯に向き合うことで、それが次の芽を生み出す可能性があるのです。私たちが教えた人たちが、次の人を教える。その風景を夢見て、お互い教えることに向き合っていきましょう。

## まとめ

- 忙しい中で、自分の時間を削って教えることは、決してムダにはなりません
- 教わる側と同じくらい、教えるメリットはあります
- 今までの経験が棚卸され、知識整理ができます
- 人脈と視野が拡がります

POINT

すべては、
将来のマネジメント力の向上
につながります

# 第10章

# 「教えられる側」になった時に大切なこと

お悩み

# 10

教える立場になった私にも、

分からないことはたくさんある。

でも、年齢と経験を重ねた今、

改めて教わるのも気恥ずかしいし、

教えてくれとも言いづらい……。

# 教える立場から、教わる立場へ

私たちは何歳になっても、正解が分からないことばかりなので、自分が教わる立場になる日は突然やってきます。しかし、普段教える立場にいると、いざ学んだり、教わったりする立場になった時、少しの抵抗感が生まれます。「いつも偉そうに教えているのに、今さら分からないとも言いづらい」「相手も教える際に気を遣うのでは」と思ってしまいます。特に年が上だったり、役職が上だったりすると、素直に「教わる」という行為が取れない人もいます。

普段「教える」立場の人間が、いざ「教わる」立場になった時、どうすればいいのか。この章では、上手な「教わり方・学び方」について考えていきます。

筆者は研修講師として、新入社員研修や中途採用者向けの研修を担当しています。彼・彼女たちは、別の環境（学校・前職）から新しい環境になじんでいくために、周囲から上手に教わり、学んでいく必要があります。

新入社員、中途採用者の中でも、上手に教わり学んでいける人と、そうでない人がいます。「教わり下手・学び下手」は、例えば前職でのやり方に拘ったり、周囲から助言を聞き入れなかったりします。それに対して「教わり上手・学び上手」は、周囲から上手く情報を引き出し、環境に早くなじみ、結果を出していきます。その違いは何なのでしょうか。

私は、それらの違いを「学びマインド」「学びスキル」「学びエナジー」という言葉で表現しています。1つずつ見ていきましょう。

## 教わる側の「心構え」

教わる側としての「心構え」を、ここでは「学びマインド」と呼びます。素直に、謙虚に、前向きに学んでいこうとする心の持ちようです。ここでは「謙虚さ」を取り上げます。

自分には知らないことがあり、それを知っている人から素直に学ぼうとするのが謙虚さです。その逆が「傲慢」で、自分は全てを知っている、自分のやり方が最も正しいと思い込む。そういう傲慢さがあると、人から学ぶことはできませんし、学ぶ必要性すら感じないでしょう。

研究者が論文を探す時に使うGoogle Scholarの検索窓の下には、「巨人の肩の上に立つ」という言葉があります。先人たちが研究し蓄積してきた文献から学ぶことができれば、それはまさに「巨人の肩」に乗ることであり、さらに遠くを見ることができます。

**自分には知らないことがある。ただ、それはすでに先人たちが知っていることかもしれない。**そう謙虚に考え、先行研究を調べ、学んでいくのです。常に謙虚であること、これは「教わり上手・学び上手」が持つマインドの1つです。

さらに押さえておきたい「学びマインド」は、「アンラーニング」です。ラーニング（Learning）が「学習」だとすれば、アンラーニング（Un-learning）は「学習棄却」となります。

これまで学んできたことや、自分の経験にこだわり過ぎると、新しいことを学べなくなります。例えば中途採用者で「前職ではこうやってきた」「自分は〇〇のやり方で上手くやってきた」と固執してしまうと、新しい会社になじみにくくなります。

以前の成功パターンや達成経験は重要ですし、それを「棄却する」「捨て去る」となると、心理的ハードルも高いでしょう。これまで培ってきた経験を捨てるのはもったいないですし、やっぱり怖いものです。私も1社目が個人向け営業で、それなりの売上を上げていたのに、2社目の法人営業では全く上手くいきませんでした。個人向け営業では例えば「元気の良さ」が売りになったのですが、法人営業では通用しません。2回目のアポが取れないのです。上司や先輩から「前のやり方に拘らないよう」指導されても、なかなか前職の経験を捨て去ることができませんでした。

そんな時、このアンラーニングの考え方を知りました。しかも、**アンラーニングとは「捨て去る」ことではなく、「学びほぐす」ことである**と。例えば、ぎゅっと握った拳では、新しいものを入れることは難しいですが、少し緩めてほぐしてあげると、隙間ができます。その隙間に、新しい学びを入れることができるのです。

これまでの経験を全て捨て去る必要はなく、少しほぐして、新しいものが入る余裕を作る。それが、学びマインドとしてのアンラーニングなのです。

# 人は3つのリソースから学ぶ

私たちが教わる立場になった時に改めて考えてみたいのが、「人は何から学ぶのか」ということです。私たちは、大きく3つのリソース（資源）から学んでいると考えられます。「自分の経験」「周囲の人々」「先人の知恵」です。

これら3つの「学びのリソース」のうち、どのリソースが最も影響が大きいのかというと、それは「自分の経験」になります。よく引用される数字に「70：20：10」というものがあります。これは、人は**「経験からの学びが7割、他者（周囲の人々）からの学びが2割、研修（先人の知恵）からの学びが1割」**というものです。元々は1990年代に行われたアメリカでの調査で、「リーダーシップを発揮できるようになるために、有益だったことは何か」という問いを考察したことで明らかになったものです。

ちなみに、2010年代に大規模調査が行われ、この割合は「55：25：20」になるという結果が出ています。どちらの調査にしても、「自分の経験」からの学びが他の2つのリソースに比べて大きいことが明らかなのです。

私たちが学ぶ際にも、「周囲の人々」から教わるだけでなく、また「先人の知恵」を読んだり聞いたりするだけでなく、「自分の経験」を積むことが必要です。何事もやってみないと、学べないということです。では、これら3つの「学びのリソース」から、いかに学んでいけばよ

学びの3つのリソース（資源）

先人の知恵　周囲の人々　自分の経験

いのか、それぞれに対応した「学びスキル」を見ていきます。

「自分の経験」↑試行・内省・外化
「周囲の人々」↑観察・質問・傾聴
「先人の知恵」↑内化・外化

「自分の経験」から学ぶためには、まずはやってみる（試行）ことが必要であり、やった結果をふり返り（内省）、必要に応じて振り返った内容を書き残しておく（外化）ということをしていきます。

「周囲の人々」から学ぶためには、身近な人々を「観察」し、その良い点や見習いたい点、逆に自分が気を付けるべき点を見つけ出していきます。さらに、疑問点や不明点を「質問」し、その答えを「傾聴」することで自分の知識を増やしていきます。

# 経験機会を増やす

まずは、「自分の経験」からいかに学ぶかについて考えていきましょう。「自分の経験」を増やすためには、経験を積む機会を作り、その機会を得られたら飛び込んでみることです。

私たちが教える側にいる場合、やはり仕事を任せる相手は信頼できる部下、後輩、仲間になるはずです。ミスや失敗をされると周りに迷惑をかけますし、結局は私たちが巻き取ってフォローをしなければならなくなります。そのため、「失敗経験があったほうが、本人のためになる」「経験から学べるよう、機会を与えるべきだ」と言っても、なかなかそういうチャンスを作りづらいのです。お客様からの要求も厳しく、納期も短い中で、新人や未経験者に「失敗してもいいから経験させよう」とは簡単にはならないのです。

そんな状況を理解している私たちが、いざ教わる立場になった時、それでも「自分の経験」を積む機会を得るために、どうしたらよいのでしょうか。

まずは、こちらから意思表示をする必要があります。「やってみたい」「やらせてもらえませんか」と。与えられるのを待っているのではなく、自分から能動的に働きかけていくのです。教える側も、言われるまで待っている人よりも、自分から来てくれる人の方が、経験機会を与えやすくなります。

それでも、私たちにとっては未経験の仕事、不慣れな内容かもしれません。だからこそ、ミスや失敗をするのではないかという相手の不安を軽減できるよう、相談や報告の頻度を増やしていくことが大事です。さらに、分からない点が出てきた時は、他のメンバーにも聞くようにして、早めに対処していくことを伝えていくのです。これは、私たちが教える際に「人脈マップ」を使うのと同じです。経験機会を与えてくれる上司、先輩だけに頼り切らず、他のメンバーからも学んでいくのです。

こういったことを、自分から積極的に発信し、経験機会を得ていくのです。

## 失敗経験からいかに学ぶか

経験機会を与えてもらえたのなら、怖くてもいいので飛び込んでみてください。自信を持っての実行というよりも、恐る恐るの「試行」になるはずですが、それでも構いません。

私たちが普段行っている仕事は、おそらく「コンフォートゾーン（快適空間）」の中にあるものが多いはずです。そこから教わる立場になって、新たな仕事や不慣れな内容に取り組むというのは、いわば「ストレッチゾーン（挑戦空間）」での行動になります。見知らぬ世界で初めてのことに取り組むわけですから、恐る恐るの試行で良いのです。

実際にやってみて、上手くいくこと、上手くいかないこともあるでしょう。そういう時には一旦立ち止まり、振り返る「内省」を行うことをおすすめします。

「上手く行っていることは何か?」「上手くいってないことは何か?」「その原因は?」「どんな対策が取れるか?」について、立ち止まって考えてみるのです。それらを紙に書きだしたり、メモに入力してみたりなど、「外化」をしておくことで、次に経験機会をもらった時に参考にすることができます。上手くいったことがあれば、それは意図的に再現することができるでしょうし、上手くいかなかっ

中原淳『駆け出しマネージャーの成長論』中公新書ラクレ(2014)

たことがあれば、次はその失敗を避けることができるでしょう。

そうは言っても、せっかく上司や先輩から経験機会を与えてもらいながら、失敗するのは怖いはずです。期待して信じてもらったのに、その期待や信頼に応えられなかった時の精神的ダメージは大きいですし、周囲への迷惑度も高くなります。上司や先輩、周囲は「気にしなくていい」「次に活かせばいい」などと励ましてくれたとしても、タイムマシーンで過去に戻って、失敗をなかったことにすることもできません。どうしたらよいのでしょうか。

まずは失敗体験を振り返って内省し、**「何がまずかったのか」「どう対処すればよかったのか」「次があったらどうするか」**を考えます。その上で、レポートなどにまとめ（外化）経験機会を与えてくれた上司、先輩と話をする機会を作るのです。自分の失敗を振り返るのは簡単ではないですし、人に話すのは嫌でしょうが、それでも次の経験機会を得るためには避けては通れないことです。

最悪なケースは、この1度の失敗で次のチャンスをもらえなくなることです。だからこそ、相手に「この人は失敗からもちゃんと学んで、次に活かそうとしている」と思ってもらい、「この人なら次に機会を与えても大丈夫」という信用を勝ち得るのです。

失敗した後に、その人がどんな対応をするのか、周りの人は必ず見ているものです。そこで逃げるのか、周りのせいにするのか、自分で受け止めて対処するのか、その姿勢を周囲は見ているのです。

筆者は論語の**「過ちて改めざる、これを過ちという」**という言葉を大事にしています。自分が失敗したり、間違っていたりしたら、素直に認めるようにしているつもりです。年長者がそういう態度でいると、おそらく若い人もそういう行動をとりやすくなるでしょう。先日もマーケティング施策で大きな失敗をし、ショックを受けたのですが、その日のうちにその失敗（原因と対策含む）をSNSで発信（外化）しました。教える側にいる私たちが、失敗経験から学ぼうとしている姿勢そのものを周囲に示したいがためです。

失敗経験は、周囲と新たな信頼関係を築く大きなチャンスにもなります。その時に逃げずに、周りのせいにせず、自分に向き合えるか。そこを問われることになります。し、「教わり上手・学び上手」な人であれば、きっと上手に失敗経験から学び、次に進んでいけるはずです。

## 「良い点」と「気になる点」をセットで観察する

続いて「学びのリソース」の2つ目、「周囲の人々」からいかに学んでいくかを考えていきましょう。「周囲の人々」から情報を獲得する「学びスキル」は、「観察・質問・傾聴」です。

まず、周囲の人々から学ぶために相手を「観察」します。ここでは、私たちに教えてくれている人を取り上げ、「良い点・見習いたい点」と「イマイチな点・気になる点」を中心に観察していきます。「この説明の仕方、分かりやすい」「お客様への対応、この小さな気遣いが素晴らしい」など、探していけばその人の「良い点・見習いたい点」はたくさん見つかるはずです。

その反面、教えてくれる人も人間ですから、「イマイチな点・気になる点」も何かしら見えてしまうでしょう。「この説明だと、相手に伝わらないよな」「お客様にあんな態度は取らないようにしよう」など、教わる中で見えてくる「イマイチな点・気になる点」も出てくるはずです。そうすると、私たちも人間ですから、「イマイチな点・気になる点」のほうが目につき、その人に「良い点・見習いたい点」があってもかき消されてしまうことがあります。

せっかく学べる機会があるのに、私たちのほうで勝手に「この人の○○が嫌だから、教わる気が失せた」といった状態になってしまうのはよくあることです。そんな時、私たちが教える側であれば、第6章で触れたような接し方で「改善点の指摘」をするかもしれませんが、今回は私たちが教わる側です。そういう場合は、相手に伝えるのではなく、こちらの受け止め方を工夫します。

「イマイチな点・気になる点」の受け止め方は2つ。「反面教師にする」ことと、「ネタにする」ことです。1つ目の「反面教師」は、そういう人の「イマイチな点・気になる点」は真似せず、自分ではやらないよう気をつけるようにします。2つ目の「ネタにする」は、いつかは他の人に話せるネタとして、その人の「イマイチな点・気になる点」を記録しておきます。

・「先輩にこんなイマイチなことをする人がいて」
・「あの人の言動が気になって、仕方なかったよ」

このように、**教える側になった時の話のネタを溜めておき、自分が教わる側になった際の糧にすればいい**のです。教わる立場にならないと見えないことはたくさんあるので、「観察」という学びスキルを活かして、周囲の人々から上手に良い点とイマイチな点を吸収してみてください。

## 下調べをした上で質問する

「周囲の人々」から学ぶ2つ目の「学びスキル」は、「質問」です。ここでは、誰に（Who）何を（What）どうやって（How）という3つの点から、質問について考えていきます。

まず、誰（Who）に質問すれば、私たちが欲しい情報が得られるのでしょうか。私たちが教える立場である時に使っていた「人脈マップ」がまさにそれにあたります。私たちの周囲にどんな人がいて、誰が何に詳しいのか。それが分かれば、誰に質問をしに行けばいいのかが分かります。

次に、何（What）を質問するかを整理します。自分が何について質問したいのかを考えた上で、まずはインターネット検索で基本的な情報をつかみ、必要であればＡＩに訊いてみるのも良いでしょう。教える立場であった時に、「このぐらい調べてこいよ」「なんでもかんでも人に訊こうとするな」と思ったこともあるかもしれません。相手にもそう思わせないよう、最低限の事前の下調べはしておくようにしましょう。

その上で、その人からしか得られない情報を質問によって探っていきます。それはインターネットには出てこないその人自身の経験談であったり、具体例であったり、裏情報であったりするかもしれません。話を聞きながら、「例えば、どんな感じだったんですか？」「その後、どうなったんですか？」など、相手から生の話を引き出せるよう質問していくのです。

最後に、どうやって（How）質問していくかということを、２つの手段に分けて見ていきます。まずはメールやチャットなど、「文字を入力して質問する」やり方です。ある程度訊きたいことがはっきりしている時に有効です。また、相手からの回答も文字で残るので、後々まで参照が可能になります。ただ相手にとってみると、自分も

「文字で返信する」ことを面倒に感じる人もいます。そういう場合は、口頭で訊くとよいでしょう。

2つ目は「声で訊く」方法です。リアル、オンライン、電話などで相手と「言葉で話す」ということです。自分でも何が分からないのかはっきりしない、もやっとしている時は特に有効です。相手と話しながら、自分の分からない点がはっきりしてくる、質問したいことが明確になってくることがあります。その反面、相手からは「何を聞きたいかはっきりさせてから質問に来てよ」と思われるかもしれませんので、使い方には注意が必要です。

第2章の「タイプ」で言うと、一般的に黒タイプの人(スペード、クラブ)は「質問が明確」なほうを好みます。そのため「文字で質問」したほうが良いでしょう。それに対して、赤タイプの人(ハート、ダイヤ)は多少質問がもやっとしていても、話しながら相手をすることを苦に感じないので、「声で訊く」ほうが良いかもしれません。相手に合わせて、質問の仕方(How)を使い分けていきましょう。

## 邪魔しない・油をさす・一旦止める

質問をすれば、当然ですが何かしらの答えが返ってきます。それを受け止めるのが「傾聴」です。教えてくれる相手が気持ちよく話してくれるよう、まるで滑車を回すかのように聞いていきます。滑車をくるくる回して、教える側から情報を得るために、傾聴では「邪魔しない」「油をさす」「一旦止める」の3つを心掛けます。

「邪魔しない」というのは、文字通り、相手が気持ちよく話してくれるのを邪魔しない、さえぎらないということです。逆に、相手の邪魔をするとは、こちらが話し出すことです。こちらが話し出せば、相手は話せなくなってしまうので、せっかく気持ちよく話していたのに、私たちの話によって邪魔されて、滑車が止まってしまいます。

とはいえ、私たちが何も言わず、ただ相手にしゃべらせていれば、「ちゃんと聞いているのか」「聞き流しているのではないか」と教える側も不安になるかもしれません。そこで必要になるのが、滑車に「油をさす」ことです。「油をさす」とは、相手が話をしやすいよう「話を促す」行為を指します。例えば、「うなずく」「あいづちを打つ」「相手を見る」「質問する」「メモを取る」などです。これらの「油をさす」行為によって、どんどん情報を引き出していきます。

ただ、この2つだけでも教える側はある不安を抱く恐れがあります。それは、

「聞き上手」は傾聴で滑車をくるくると回す

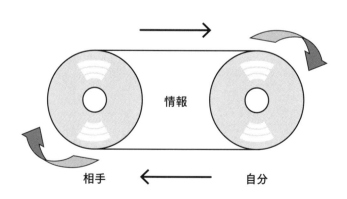

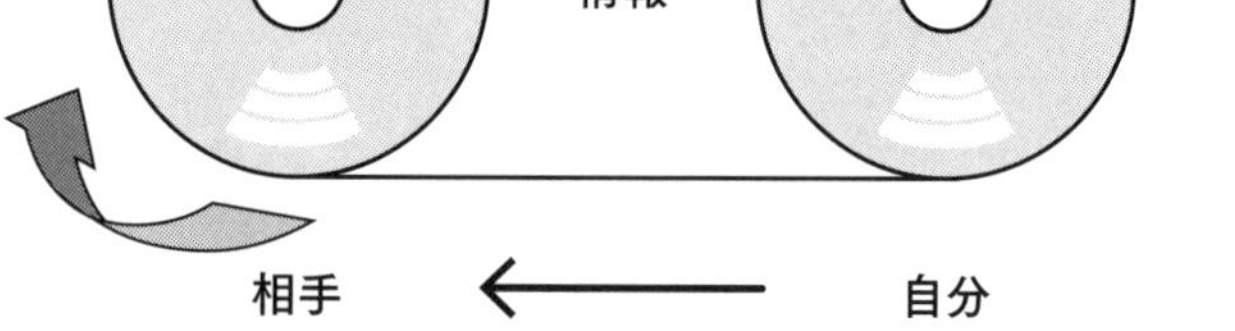

「この人は、こちらの説明をきちんと理解しているのか」という不安です。そんな不安を感じさせないためには、「一旦止める」が有効です。くるくる回っている滑車を一旦止めて、「分からなかったことを確認する」「それまでの話を復唱する」という2つのアクションを行います。

「分からなかったことを確認する」では、話の途中で「すみません、先ほどの○○が分からなかったのですが、もう少し詳しく教えてもらえませんか？」といった質問で、滑車を一旦とめます。「それまでの話を復唱する」では、ある程度まとまった話を聞いた後、「私の理解が間違っていないか確認するために、ここまでの話を復唱してもいいですか」と、こちらの理解度を示していくのです。

これら2つの「一旦止める」を使うことで、教える側は「ちゃんと分かっているな」「こちらの言いたいことが伝わっている」と安心感をもち、さらに私たちに教えてくれるようになります。教わる側として「傾聴」を使い、滑車をくるくる回していきましょう。

# 先人の知恵から教わる

「学びのリソース」の3つ目「先人の知恵」から、いかに学べばよいかを考えていきましょう。ここでは「先人の知恵」として、「本」からの学びについて見ていきます。

まずは、本を読むという「インプット」を行います。これは、いわば情報の「内化」と呼べます。本に書かれた情報を読むことで、自分の内に取り込んでいくのです。本の読み方は人それぞれですが、筆者は本に書き込んだり、線を引いたり、折り目をつけたりしながら読んでいます。いつ読み始めて、いつ読み終わったかも、必ず本に書いておきます。書き込みが多い本ほど、自分にとって得たことが多かったと分かります。

では、どのくらいの量の本を読んだらいいのか、1つの参考になるのが、元ヤフーの宮坂学氏の言葉「本を1トン読め」です。1トンと聞くと「無理！」と思う方も多いと思います。ところが、私の東大大学院時代の指導教員である中原淳教授（現立教大学経営学部）は、「1冊読むのに3時間、単行本1冊平均400グラムなら、1年で141冊、56・4kg、18年で1トンになる」という計算をされています。つまり、十分可能な数字であるということです。筆者は週に4冊×52週＝約200冊を目標に本を読んでいるので、このペースでいけばどこかの段階で1トンに到達するでしょう。

ただ、本を読む（内化）だけでは足りず、ぜひおすすめしたいのが「外化」です。いわばインプットした内容を、アウトプットするのです。

読んだ本について、レビューやレポートを書いたり、他人に教えたりすることで、自分の中に入った情報を外に出してみるのです。そうすると、本を読んで分かったつもりになっていても、文章や言葉にしようとすると「あれ、意外と分かってないな」ということに気がつきます。

また、アウトプットすることで本で得た知識が自分の言葉や文章になり、徐々に血肉になっていきます。筆者は毎週木曜日に、その週に読んだ本や論文の抜き書きと感想をブログにあげています。1年間で52週分あげることになるので、結構大変です。しかし、ブログにあげていると、本の内容を検索しやすくなるので、苦労した以上のメリットを得ています。例えばこういった本を書く時に、ブログ内でキーワード検索をかけ、以前読んだ本の抜き書きを探せるのです。

「先人の知恵」は、他者の経験から学べる安価で手軽な方法です。本を書くような著者に対して、「1時間お話を聞かせてください」となると、講演料など高額になるでしょうし、現実的には難しいはずです。それが1500円程度で手に入るわけですから、使わない手はありません。本書を手に取っている読者の皆さんでしたら、言わずもがなのことかもしれません。

# ポジティブな学びの連鎖を作り出す

ここまで教える立場の私たちが、教わる立場になった時の「教わり方・学び方」について見てきました。**「自分の経験・周囲の人々・先人の知恵」という学びのリソースから、「試行・内省・外化」「観察・質問・傾聴」「内化・外化」といった学びスキルを使って学んでいきます。**

このような行動がとれる「学び上手」な個人が増えてくると、チームや職場といった集団はどう変わっていくのでしょうか。

まず、自ら能動的に動き、周囲から上手に学んでいこうとする人が1人でもいることで、周囲に良い影響をもたらします。その人から質問、相談されることで、教える側も学びます。

また、「普段教える立場にいるあの人ですら学んでいるのなら、自分も頑張らないと」と感化される人も出てくるでしょう。そういう人が増えてくると、チームや職場全体がどんどん学んでいく雰囲気に変わっていくのです。

これは、小さな集団単位である家族でも一緒のことが言えます。例えば、筆者は朝6時ごろから食卓で本を読んでいます。そこに子供たちが起きてきて、朝食前に少し宿題をしたりします。子供に「勉強しなさい」と言ったことはなく、親が勉強している姿を見せれば、自然と子供も勉強するものです。

地元で仲間たちと行っている起業家を育成するコミュニティでも、「教わり上手・学び上手」な個人の存在が、仲間同士や地域住民といった集団に対しても良い影響を及ぼしてくれています。半年に1回、新しいミニ起業家候補として後輩が入学してきます。その後輩がミニ起業家を目指して周囲から教わり、自ら学んでいる姿を見て、先輩ミニ起業家も刺激を受けることで、さらに学びが深まっていくのです。

こうしたポジティブな学びの連鎖こそが「学びエナジー」であり、チームや職場を活性化してくれるものです。皆さん1人ひとりが「教わり上手・学び上手」となることで、他メンバーもそのように変わっていきます。「学ぶって悪くない」という雰囲気が、徐々にチームや職場に醸成されていくのです。

筆者は「教え上手な人は、学び上手でもある」と思っています。そして、学び上手な姿勢が周囲に良い影響をもたらし、他の人も学び上手になっていく「ポジティブな学びの連鎖」となっていくのです。

## まとめ

- 自分の経験、周りの人、先人の教えから人は学んでいく
- 人に質問をする時は、必ず下調べをした上で行おう
- 人から教わる時は、邪魔しない、油をさす、一旦止める、の3つを忘れずに

POINT

常に謙虚でいることが、教わる人の基本スタンスです

# おわりに

最後まで読んでくださり、ありがとうございました。この本が大人相手の教え方に苦労されている方々にとって、少しでも参考になりましたら幸いです。

この本では、教える本質「相手の立場に立つ」「学習の手助けをする」という2つを柱に説明してきました。教える相手も、状況も様々な中、これだけは押さえておいていただけたらという想いで書いたものです。また、今職場で仕事を教えている人たちが困っていることとして「時間がない」「正解が分からない」ことを取り上げ、それらへの対策として「1人で教えず、周囲を巻き込む」という考え方とやり方をご紹介しました。言われてみれば当たり前のことかもしれませんが、教える側が少しでも楽になり、かつ教わる側がより学べる方法としてご活用いただけましたら幸いです。

最後に、感謝の意を述べさせてください。

高校卒業後、すぐに渡米した大学時代、歴史学のサリバン先生と人類学のウィン先生には学ぶ楽しさを教えてもらいました。あの経験がなければ、教育の仕事に就く今はなかったと思っています。そして、アメリカに留学するという機会を作ってくれた両親には本当に感謝しています。そして帰国後、2社目のラーニングマスターズ社で大人相手の教え方の土台を学びました。本当にありがとうございました。

お世話になっているお客様にはいつも感謝しています。弊社は「拡大しない」をモットーにしているので、お付き合いしている会社様は20社ほどですが、普段の打ち合わせや研修などで皆さんとお話しさせていただくことで、大人の教え方に関して様々なヒントをいただいています。

そして、弊社研修に参加してくださった方々、調査にご協力くださった方々、皆さんとの意見交換を通して、教え方の苦労や工夫について数多くの事例を知ることができました。本当にありがとうございました。

研修に登壇していただいている弊社パートナー講師の皆さん、いつもありがとうございます。皆さんとの仕事を通じて、多くの学びがあります。特に、『対話型ＯＪＴ』の共著者でもある林博之さんには、いつも助けてもらっています。

私の地元でミニ起業家を育成する「比企起業大学」講師陣と在校生、卒業生の皆さん、ありがとうございます。皆さんと接した8年間で、「大人の学び」について深く考える機会を何度も頂戴しました。特に、学長を務める風間崇志さん、いつもありがとうございます。

「ＳＰトランプ」の開発者であり、私にとっては企業研修のメンターでもある八尾芳樹先生、最近なかなかお会いできていませんが、いつも感謝しております。

師匠である立教大学の中原先生、そして、中原研究室の皆さん、皆さんと過ごした3年間で学んだことはとても多く、これからもご指導よろしくお願いします。

小早川さん、宮藤さんをはじめとするクロスメディア・パブリッシング社の皆さん、ありがとうございました。皆さんのお力添えのおかげで、本書を世の中に出すことができました。

最後に、旅行中にも原稿書きの時間を許してくれた妻の律子さん、お父ちゃんの仕事を邪魔しないようにと気遣ってくれた子どもたち（舞郁、彩乃、寛人、拓海）、いつもありがとう。

関根　雅泰

## 参考文献

Bauer, T.N. Bodner, T. Erdogan, B. Truxillo, D.M. & Tucker, J.S. (2007) Newcomer Adjustment During Organizational Socialization: A Meta-Analytic Review of Antecedents, Outcomes, and Methods. Journal of Applied Psychology. Vol.92 pp. 707-721.

Feldman, D.C. (1994) Who's Socializing Whom? The Impact of Socializing Newcomers on Insiders, Work Groups, and Organizations. Human Resource Management Review. Vol.4 pp. 213-233.

A. Sfard (1998) On Two Metaphors for Learning and the Dangers of Choosing Just One. EDUCATIONAL RESEARCHER vol. 27 pp. 4-13.

石田淳『行動科学を使ってできる人が育つ！教える技術』かんき出版（２０１１）

入山章栄『世界の経営学者はいま何を考えているのか：知られざるビジネス世界のフロンティア』英治出版（２０１２）

尾形真実哉「新人参入の組織論的考察―職場と既存成員に与える影響の定性的分析」『六甲台論集経営学編』Ｖｏｌ．53（２００６） pp. 61-86.

小川憲彦「人材育成方針がもたらす若手従業員への影響」金井壽宏・鈴木竜太（編著）『日本のキャリア研究：組織人のキャリア・ダイナミクス』白桃書房（２０１３） pp.169-196.

片岡五郎『部下は必ずついてくる！叱る魔術』日本実業出版社（２００４）

孔子『論語　衛霊公第十五』

関根雅泰『早く一人前になるための仕事の覚え方』日本能率協会マネジメントセンター（２００６）

関根雅泰『営業に役立つコミュニケーションのポイント』クロスメディアパブリッシング（２００６）

関根雅泰「新入社員の能力向上に資する先輩指導員のＯＪＴ行動」中原淳（編）『職場学習の探究』生産性出版（２０１２） pp.143-167.

関根雅泰・林博之『対話型ＯＪＴ』日本能率協会マネジメントセンター（２０２０）

関根雅泰・風間崇志『地域でしごと　まちづくり試論』まつやま書房（２０２１）

R．B．チャルディーニ（著）社会行動研究会（訳）『影響力の武器　なぜ人は動かされるのか』誠信書房（1991）

中島義明（監修）『心理学辞典』有斐閣（1999）

中原淳『駆け出しマネジャーの成長論：7つの挑戦課題を「科学」する』中公新書ラクレ（2014）

中原淳『働く大人のための学びの教科書』　かんき出版（2018）

中原淳・長岡健『ダイアローグ　対話する組織』ダイヤモンド社（2009）

中原淳（編著）荒木淳子・北村士朗・長岡健・橋本諭（著）『企業内人材育成入門：人を育てる心理・教育学の基本理論を学ぶ』ダイヤモンド社（2002）

M．ノールズ（著）堀薫夫・三輪建二（監訳）『成人教育の現代的実践　ペダゴジーからアンドラゴジーへ』鳳書房（2002）

G．ホフステード（著）岩井紀子・岩井八郎（訳）『多文化世界：違いを学び共存への道を探る』有斐閣（1995）

松尾睦『経験からの学習：プロフェッショナルの成長プロセス』同文館出版（2006）

松尾睦『仕事のアンラーニング～働き方を学びほぐす』同文館出版（2021）

松本雄一『組織と技能：技能伝承の組織論』白桃書房（2003）

S．メリアム＆R．カファレラ（著）立田慶裕・三輪建二（監訳）『成人期の学習：理論と実践』鳳書房（2005）

八尾芳樹・角本ナナ子『人間力を高める！セルフ・エンパワーメント』東京図書出版会（2007）

J．レイブ・E．ウェンガー（著）佐伯胖（訳）『状況に埋め込まれた学習：正統的周辺参加』産業図書（1993）

渡辺かよ子『メンタリング・プログラム』川島書店（2009）

渡辺三枝子・平田史昭『メンタリング入門』日本経済新聞出版社（2006）

ラーニングマスターズ社資料『戦略的営業活動』

［著者略歴］

**関根雅泰**（せきね・まさひろ）

1972年埼玉県生まれ。南ミシシッピー大学卒業後、二社での営業、講師経験を経て、2005年、研修会社ラーンウェルを設立。2010年、仕事をしながら東京大学大学院へ進学。「経営学習論」の中原研究室に参加。新人の組織適応やOJTについて研究。2013年、学際情報学修士号取得。企業研修での専門分野は「教え方」（現場でのOJTや社内講師の養成）。NBSオンライン講座「部下後輩が育つ！上手な仕事の教え方入門」、ダイヤモンド社「研修開発ラボ」等を担当。メーカー／インフラ／システム会社を中心に「メンター研修」や「中途社員の早期適応支援」を実施。家族と暮らす埼玉県比企郡ときがわ町では、仲間達と共に、地域のミニ起業家を支援。2017年より、比企起業大学を運営。主な著書に、『教え上手は、学ばせ上手』（クロスメディア・パブリッシング）、『これだけはおさえておきたい仕事の教え方』『対話型OJT（林博之氏との共著）』（日本能率協会マネジメントセンター）がある。



改訂新版《かいていしんぱん》　オトナ相手《あいて》の教《おし》え方《かた》

2024年12月1日　初版発行

著　者　　関根雅泰

発行者　　小早川幸一郎

発　行　　株式会社クロスメディア・パブリッシング
〒151-0051 東京都渋谷区千駄ヶ谷4-20-3 東栄神宮外苑ビル
https://www.cm-publishing.co.jp
◎本の内容に関するお問い合わせ先：TEL（03）5413-3140／FAX（03）5413-3141

発　売　　株式会社インプレス
〒101-0051 東京都千代田区神田神保町一丁目105番地
◎乱丁本・落丁本などのお問い合わせ先：FAX（03）6837-5023
service@impress.co.jp
※古書店で購入されたものについてはお取り替えできません

印刷・製本　　中央精版印刷株式会社


　ISBN978-4-295-41035-5　C2034